OHSAMA BUNKO

怖いくらいわかる「男の性格」診断

小池惠子

三笠書房

はじめに　その仕草、その言葉で、相手の性格がわかる！

「生きてるうちに出会える人はほんのひと握り。その出会いには一つひとつ大事な意味があるんだよ。出会いを大切にしよう」

こんな言葉を聞いて育ったせいか、幼少の頃からとにかく「人」が好き、そして笑顔の生まれる「コミュニケーション」が大好きだった。

デパートの販売員時代は、「お客さまのことをもっと知りたい」「お客さまにもっと喜んでもらいたい」、そんな一心で人と接していた。この仕事は、ものを売るだけでなく、一瞬一瞬がまさに「人間観察」。自然と観察眼が養われ、その人の容姿や仕草、言動などから、性格や心理状態、好みなどが、自分でも驚くほど読みとれるようになっていった。

人の顔つきや体つき、言動と、その人の性格には何らかの因果関係がある――そういった視点でお客さまと接すると、相手が本当に欲しいもの、してほしいことを理解できるようになる。その結果、売り場に活気が生まれ、売り上げ記録を次々に塗り替えて、ついにはブランド売り上げ日本一を記録するまでになった。

その後、接客の講師として多くの人とふれ合い、結果、老若男女問わず五〇〇〇人を超える人たちとコミュニケーションするに至った。この経験は今の私の宝物である。

販売員時代、そして接客の講師として指導にあたってきた経験から、どんな人がどんな雰囲気で、どんなことが好きで、どんなときに笑い、どんなときに不機嫌になるか。そうした「見かけ」と心理・性格との関連を、わかりやすい実例を交えながらまとめたのが本書である。ほんのちょっとした仕草や言動に、その人を知るヒントが隠されている。この本を読んで、その手がかりをぜひ見つけてほしい。

コミュニケーションは決して難しいことではない。大切なのは、相手に興味を持つことである。相手との関係をもっと深めたい人、相手の考えをもっと知りたいと思っている人……本書が、皆さまのステキな出会いや円滑なコミュニケーションの一助になれば幸いである。

人は誰ひとりとして同じ人はいないからとても面白いし、違っているからこそ惹かれ合うのだということを実感していただけるのではないだろうか。

小池　恵子

怖いくらいわかる「男の性格」診断●もくじ

2章

【仕草編】何気ない「動き」だけで、ここまで読める！

3章 【話し方編】会話の「クセ」でわかる、彼の心の中

6章 【恋愛・行動編】彼の〝今の気持ち〟が、手にとるようにわかる!

7章

【血液型編】やっぱりある!? 血液型と性格の意外な接点

1章 外見編

「見た目」でわかる、彼の隠された性格

黙っていても、「顔」にみんな書いてある⁉

整った顔――「顔」より「中身」を評価されたい

美男子は「カッコいい」と言われ慣れている。だからこそ、いつも外見ばかり評価され、あまり中身が評価されないことを不満に思っていることも多い。

美形のモデルがお笑いに転身したりすることは少なくない。「美」というものを生まれながらに手にしていると、自ら努力した結果として何か別のもので評価されたくなるものなのだ。

美男美女ともに、友人には同じような美形がほとんどいない。個性的で味のある友だちと仲良かったりする。個性を魅力ととらえることが多いのだ。

非の打ちどころのない美男子も、「カッコいい」と言われるより「面白い」と言われたほうが嬉しいと言う。外見でなく、少しでも中身で評価されたいと思っている。

だから、「女性も中身が大切だ」と考えている人は多い。

表面的な容姿とは関係のない話題を深められるチャンスがあれば、彼の内面に触れられるだろう。「中身を見られる」こと自体が彼にとって嬉しい体験となるはずだ。

仏頂面、無愛想――本当は、やさしくて教え上手

見るからに強面《こわもて》で、声をかけにくい雰囲気の男性というのは確かにいる。第一印象があまりよくないため、人とのコミュニケーションで損をしてしまう。こうした男性は、女性にはなおさら仏頂面になってしまったりするが、実際には女性とのつきあいに慣れていないだけで、本当はコミュニケーションを求めている。

パッと見はこわいがよく見ると口元の口角が上がっている、目がやさしいなど、コミュニケーションを欲する要素を見つけたら、笑顔で話しかけたい。

以前、パンチパーマで強面の男性に、ニッコリ笑顔で「教えてください」とお願いしたところ、「初対面で女性から声をかけられたのなんて初めてだ」と、こちらに負けずとも劣らない笑顔で言われたことがあった。

じっくり話してみると、実はとてもやさしく素直な人で、色々なことを丁寧に教えてくれた。人に教えるのが大変上手なのである。

強面に限らず、見た目が話しかけづらい男性は、ただ女性とのつきあいに慣れていないだけで、実はコミュニケーションをとりたいと思う気持ちを持っている。人の話にきちんと耳を傾けてくれ、女性を大切にしてくれる。女性のアドバイスに応えて「改造計画」を素直に受け入れ、変身してくれるのもこのタイプ。

突然、センスがよいモテ男になる可能性も大である。

⌘目が大きい――せっかちで飽きっぽい

目の大きい人は、色々なものに興味を持ち、吸収しようという意欲のある人が多い。そしてキョロキョロと目移りする。

行動力があり、せっかちで、メールの返事が来ないと気になって仕方がない。自分の行動の結果を早く知りたがり、常に先がけてシミュレーションを進めている。ただし、あまり計画性はなく、その大きな目に映った目の前のこと一つひとつに反応し、没頭する。

飽きっぽいところはあるが、人当たりはよく、やさしい。素直で責任感が強く、相談事を受けると、自分のことはさておき、相手を何とかしてあげたいと一身に受け止めてしまう。ただ、つい取り越し苦労をしてしまい、問題も解決できずに自分のこともなおざりになってしまうこともあるようだ。また、やさしく、実直なところから、ダメージを受けやすいとも言える。

目が小さい、細い――優柔不断で即決できない

目が大きい人が目の前のことにすぐ飛びつくのに対し、目の小さい人、目が細い人は、物事をじっくり静かに見据え、すぐには行動を起こさないという傾向がある。全体を把握し、観察しながら色々と考えて、コツコツと物事を進めていく。色々と気づいていることがあっても、その場では口には出さない。けれども、ひとたび話を聞いてみると、しっかりした意見を持っている。

目の前の出来事にとっさに飛びつく瞬発力や行動力がないため、チャンスを逃しや

すいだけでなく、何か問題があったときに、解決を先送りしがちなところがある。

ただし、長期的に物事を捉えるのは得意で、人生の五カ年計画や十カ年計画を立て、目標に向かって着々と邁進《まいしん》している人が多い。

一重瞼の男性のほうがモテる理由

一重瞼《まぶた》、イコール無表情で冷たそうなイメージがあるかもしれない。

しかし、よく観察してみてほしい。普段表情の変化があまりないだけに、ちょっとした喜怒哀楽がすぐに顔に出るのがわかるだろう。嬉しくなるとすぐに目が細くなる。

実は一重瞼の人のほうが表情が豊かなのだ。

「欧米人は彫りが深いから表情が豊か」と思われがちだが、欧米の映画を音声を消して観ると、意外に表情がわかりにくいということがわかるはずだ。欧米人は表情の変化がわかりにくい分、何かというとオーバーアクションになるのかもしれない。

女性ほどではないにせよ、男性も一重瞼はコンプレックスとなるようだ。

そのため、早い時期から「格好よりも中身だ」と自覚し、カッコよさ以外の分野を追求しようと決意することが多い。

それは、「面白み」だったり、スポーツや勉強だったりする。カッコよさが手に入らない分、他のものを多く吸収しようとするから向上心が強い。また、視野を広げようとするから話題も豊富になる。「一重瞼の人のほうがなぜか面白い」と言われる所以《ゆえん》だ。

そして、カッコよさではあいつにはかなわない、と「欠落したものがある」という自覚があるから、人の痛みがわかる。人間としてのキャパが広く、包容力のある男性が多い。

自分の欠点を自覚しているためか、一重瞼の男性のほうが一般に個性的だ。力を入れるべきオシャレのポイントをわきまえ、自分らしいバランスのとれたセンスを研究し、備えているからだ。

向上心や包容力があり、人の痛みがわかり、しかもオシャレ。結果的に、一重瞼の男性のほうが魅力的に見えてくることも多くなると言える。

目つきがきつい——本当は、話し好き

目つきの鋭い人は、一見笑顔がなく、敵対心を抱いているかのような第一印象を持たれてしまう。実際、いつもそんな印象を抱かれてしまうことから、あきらめて笑顔を失ってしまっている場合も多い。

笑みのないその視線は、これまでの経験によって生まれたものであり、ひとたび心を開けば、本当はコミュニケーションをすごく欲している人だったりする。実際に話してみると、それまでとは違った表情に驚かされることも少なくない。

今までコミュニケーションの第一歩であまりいい思いをしていないだけに、こちら側からにこやかに話しかけてみるといいだろう。その人の興味のある話題から広げていき、ひとたび場を共有できれば、急に距離が縮まるような面白い関係が築けるはずだ。

☙目に力がない——実は、秘めた情熱の持ち主

一見、顔の力をすべて抜いたように無表情で、目に力が感じられない人がいる。芸能人で言うとリリー・フランキー、俳優の浅野忠信、ミュージシャンの山崎まさよしなどだ。

こうした表情の男性は、ごくごく自然体で内面に独自の世界を築いている人が多い。一見おとなしくてネガティブ思考な人のように映るが、外側に感情を表現しないだけで、実際には一本筋の通ったものを持っており、その言動は人を引きつけ、またポジティブでやさしかったりする。無気力なように見えて、内面にはふつふつとした情熱を秘めているのである。

一見さえない男性に見えるが、人知れずバンド活動をしたり、絵を描くなど、独自の世界で生きていく覚悟を決めていたりする。はっきりした価値観を持っているため、他人に愛想を振りまいたり、同じ土俵で張り合ったりする必要もないのだ。

黙々と歩み続け、壁にぶつかっても信念は揺るがない。自然体で努力をしていないように思われがちだが、能ある鷹は爪を隠すのである。

日常生活の言動には生気が感じられないこともあるが、内面の豊かさはその作品に注ぎ込まれている。普段から受ける印象とはかけ離れた作品で、周りの人を驚かせたりする。

目を合わせない、伏し目がち——ウラオモテがない

嫌われているのではないかと思ってしまうほど、目を合わせてくれない男性がいる。彼が他の人とは目を合わせているとしたら、それはあなたに対する敬意や好意の表われという可能性もある。もしかしたら彼はあなたを気に入っているのかもしれない。

男性は本当に好きな女性の前に出ると、いつもと違う仕草をしてしまいがちだ。口元だけ妙にニヤリとするなど、普段はしないような表情が見られたりしたら、相手を特別に意識している証拠だ。

伏し目がちな男性は裏表のない純粋な人である可能性が高い。恥ずかしがって目を合わせることができないのだ。女性はポジティブに考えて、彼が自分から目をそらしていたとしても、笑顔や表情から彼の気持ちをくみ取ってあげてほしい。

ついい小鼻がふくらんでしまうとき

話そうとしている内容が、つい表情に表われてしまうことはよくある。

たとえば、ウソをつくときに口ごもってしまったり、悪戯《いたずら》を考えているときに、目元が笑ってしまったり。

小鼻がふくらむのも、そんな反応のひとつだ。

ウソをつくとき、非日常的なことを話そうとするとき、あるいは自慢話や「こんなことがあってさ」と得意気になって話すときに、小鼻がふくらんでいることが多い。

こうした人は気持ちがすぐ表情に出るため、「何か考えているな」と容易に察することができる。素直でウソのつけない人だ。

なお、会話の内容がその人の琴線《きんせん》に触れたときにも、小鼻がふくらむこともある。

Tゾーンが平べったい――オシャレなデザイナーに多い

男性の顔を見るとき、Tゾーンに注目したことはあるだろうか？

このTゾーン、一般に欧米人は彫りが深く鼻筋が通っていて、モンゴロイドや南方系などは平坦である。

Tゾーンの平べったい男性は、Tゾーンのはっきりした、容姿端麗な女性を選ぶ傾向がある。いわば「ないものねだり」だ。

しかし、幼児を連想させる愛嬌のある表情の人には、やさしくて寛容な人が多い。コンプレックスゆえに美にこだわったり、オシャレに熱中したりする場合もある。アーティストやデザイナーといった分野で活躍していたりもする。

Tゾーンが平べったい男性は人なつっこさや親しみやすい印象を与え、女性からの人気も意外と高い。

眉間にシワが寄っている——研究熱心な管理職タイプ

眉間にシワを寄せている人は、なかなか打ち解けにくいタイプだが、いつも物事を深く考えており、気配りができる奥深さがある。自分の意見をきちんと持っていて、興味のあることにはとことんこだわる研究熱心な人が多い。管理職に多いタイプだ。

こうした人は一見とっつきにくいが、話してみると実は話題性に富んでいる。もし、プライベートの話をしてくれるようなら、ぜひ聞き役に回ろう。

相手の言葉のキーワードを繰り返し、それからまたニッコリと笑って一呼吸置きたい。その一呼吸は、彼の次の言葉を引き出す間《ま》。

普段自分のことを話さない人なら余計、話すテンポを相手にゆだねたい。

彼の表情が和らげば、非常に面白い話を聞くことができるだろう。

「口角」は心の様子を映す鏡

口角の動きには口元の表情筋が深く関わっている。ポジティブな気持ちで過ごしていると自然と口角が上がり、逆にネガティブな精神状態が続くと口角が下がってくる。

したがって、普段から口角が上がっている男性はポジティブ思考の人だと言える。

また、口角の上がり下がりで、相手のその時どきの心の状態を推し量ることもできる。

まさに、口角は心を表わす。

これは男性に限った話ではなく、女性も彼とうまくいっている状態だと口角ばかりか頬骨の肉までが上がり、逆に険悪になると張りがなくなって下がってくる。

ヒゲを生やす――平静を装った照れ屋

ヒゲをきちんと整えている男性は「男らしくありたい」という強い理想を持っている。自分なりの理想像がしっかりあり、その姿に沿ってスタイリッシュにキメている。何かにつけて強いこだわりを持っているから、一見かたくなに見え、とっつきにくい印象も与える。

しかし、実際には平静を装った照れ屋だったりする。ヒゲはいわばよろいであり、周囲への照れ隠し。実は甘えん坊だったり、少年のように純粋だったり、寂しがり屋だったりと、外見と中身のギャップがある。

ヒゲ面の男性と接するときには、彼の抱く「男らしさ」を尊重し、花を持たせるように振る舞うといいだろう。そして、一見「入ってこないでくれ」と拒絶しているかのように見える境界線から一歩踏み込んで話してみると、よろいを脱いだ本当の彼の姿が垣間見えてくるかもしれない。

「体格」――カラダは驚くほど正直なもの！

ぽっちゃり型――食事も仕事も……常に全力投球！

「ぽっちゃり型」の男性は、見た目そのままに、穏やかでおっとり。細かいことにこだわらない。

誰かに悩みを打ち明けたりすることはほとんどない。すべて自分の中で解消するのだ。だから、オン／オフがはっきりしており、気分転換が上手な人が多い。

そして、価値観のかなり大きな部分を「食」が占めている。

「やせ型」にとって、食事会というのは仕事や遊びの一環でしかないが、「ぽっちゃり型」にとっては、食べることこそがその目的の中心ともなる。

ストレスも食べることで解消する。

限られた自分だけのスペースからあまり出ていこうとしないし、率先してみんなを誘って旅行に行ったりすることもない。

どちらかと言うとひとりの空間が好きな「ぽっちゃり型」は、何かにつけて自分だけのテリトリーを大切にする。食べるのが好きとはいえ、みんなで鍋をつつくより一皿メニューを選ぶことが多い。

「人間、見た目ではなく中身」を身をもって実践しているせいか、食に興味がある割には、「〇〇のハラミが食べたい」といったこだわりは特になく、どんな店にでも順応できる。

仕事をしているか、食べているかのどちらか——仕事のできる男性の中には意外に「ぽっちゃり型」が多い。他のことには脇目もふらず食に集中できるそのエネルギーが、仕事においても集中力として発揮されるからだ。

何かひとつのことを深く究めたり、驚くべき仕事をやってのけたり、「ぽっちゃり型」が本領を発揮して周囲を驚かすこともある。

実は「ぽっちゃり型」男性を好む女性は少なくない。

「大らかで、尽くしてくれる。Hも同様」

そんな声が聞かれる。

「ぽっちゃり型」の男性はたいてい「昔はやせていた」という過去の栄光を引きずっている。コンプレックスがある分、許容範囲も広く、謙虚なのだ。そして、あれこれ目を奪われないため、目の前の彼女にだけ集中できると言える。

やせ型――焼肉屋でも野菜だけ？ 徹底した自己管理

体型がスマートな男性は、やることもスマートな人が多い。

仕事をやらせれば緻密で計画的でスキがない。

そして、活動的で行動範囲が広く、どんな人とでも距離を保ちながらうまくつきあえる。

旅行に行く場合には、インターネットで調べてきちんと計画を立て、準備は万端。現地に行ったら、その土地ならではの名物を一通り楽しむ。どこか特定の場所が好きというより、旅行そのものが好きな人が多い。

自分に与えられた社会人としての役割をきちんとこなし、さらに自分個人の趣味も楽しむなど、いわゆる「ちゃんとした」人生を歩んでおり、若くしてマイホームを購入していたりもする。

また、この計画性と向上心が体型維持に向けられた場合は、食事に非常に気を遣うタイプとなる。しかも、それをきちんと実行に移せるのが「やせ型」だ。

たとえばみんなで焼肉店に行っても、体型維持を心がけているときは野菜ばかり食べていたりする。

「やせ型」は、いざ自分に意識を向けると、ストイックなまでに自分をコントロールすることができるのだ。自分にとても厳しいとも言える。

ファッションについては無頓着か、すごくオシャレのどちらか。後者の場合、ブランドや流行をとことん追求し、自分のスタイルを究める。

しかし、何でもかっちり几帳面にやり遂げようとするあまりか、ストレスで胃をやられる人も多い。

筋肉質――自分以外に興味なし!?　鏡の前でついうっとり

ジムで毎日のように筋肉を鍛えているような「キン肉マン」は、間違いなくナルシシスト。自分が好きで、自分以外への興味は皆無。世の中のすべての女性は、筋肉隆々な男性が好きだと思っていたりする。

鏡に映る自分にうっとり。Hの最中でさえ、自分の姿を意識している。

自分中心の「オレ流」男が多く、興味のないことには一切手を出さない。一緒に買い物に行っても、自分だけさっさと買い物を済ませ、他人の買い物にはつきあえないタイプだが、母性本能の強い女性とならうまくいくだろう。

彼をもっとも気持ちよくさせてあげられる方法は、認めてほめること。「それ、似合うね！」「○○くん、頼りがいがある」「男らしい」という言葉をかけてあげよう。

普段の生活の中でも、他人に干渉されずに自分だけの時間を大切にする。基本的にはひとりで行動するのが好きだが、興味のあること、得意なこと、自分が中心になれるという条件さえ整えば、団体行動でも率先して動き回る。

また、同じ「筋肉大好き」という価値観を共有できる者同士の結束感は強い。

しかし、「筋肉仲間」の価値観をそのまま日常に持ち込みがちである。キン肉マン同士、「締まったね！」などと互いに言い合うことに慣れているせいか、女の子をつかまえては平気で「胸大きいね」「ウエスト細いね」「いい脚してるね」など、まったく悪気はないのだが、セクハラまがいの発言を連発し、デリカシーに欠ける印象を与えてしまうこともある。ただし、興味のない人の容姿はほめない。

他人が自分をどう見ているかも、自分本位で解釈する。おおむね「オレはみんなに好かれている」と思い込んでいる。女性が男性の噂話をしていると、「オレのこと？」と本気で思ってしまう。

そんな前向きな性格のおかげか、ストレスをためる人はあまりいない。プロテインなど体型維持や健康には投資を惜しまず、筋肉を鍛えるのに一生懸命になりすぎて体を痛めてしまうケースを除けば、ある意味、心身ともに健康に過ごせる、お得なタイプと言える。

背が高い――甘えん坊　背が低い――リーダー気質がある

「男は大きくて頼りがいがある。女は小さくてかわいらしい」

これは、生物として宿命づけられたイメージだ。

かつてバブル時代には、結婚相手の男性の条件として「三高」（高学歴・高収入・

高身長）がもてはやされた。そう考えてみると背の高い男性に憧れてしまうのは、女性の本能なのかもしれない。

背の高い男性は一見、男らしく、勇壮で頼りがいがありそうに見える。しかし、内面は甘えん坊で、依存心が高く、自分からリーダーシップをとるのが得意でない人が多い。昔から「うどの大木」「でくの坊」という、ノッポを揶揄《やゆ》する言葉もある。よく言えば、穏やかで平和主義者だ。

会社でも、上にのし上がっていこうというよりも、歯車のひとつになって与えられた仕事をこなすことに喜びを見出す。子どもの頃から容姿についてのコンプレックスをあまり感じてこなかったことが、こうした気質を育んだのだろう。

やさしくて、一緒にいると和ませてくれるが、リードが苦手なので、女性としては物足りないところがあるかもしれない。

逆に、背の低い人は、自分の力ではどうにもならないコンプレックスを背負って生きてきた。そのコンプレックスをエネルギーに変えるワザを知っている。企業の中でも、背の低い創業社長がリーダーシップを発揮し、つき従う部下がスラリと背が高いといった図をよく見かける。

こうした男性は「背が高い女性が好き」と平気で言いきれる。すでに、身長へのこだわりは吹っきれているのだ。コンプレックスをバネにする術を心得ており、背は小さくても、ハートは大きい。

意志が強い反面、融通が利かず、頑固な面もある。コンプレックスがネガティブなエネルギーになってしまうと、卑屈になったり、自分の殻に閉じこもってしまったりする場合もある。ただし、本当に心を開きたいと思った相手には「オレって小さいでしょ。どう思う？」などと「告白」することがある。まさに心のモヤモヤから解き放たれようとしている瞬間だ。

背の高い女性と背の低い男性という組み合わせで、うまくいっているカップルは意外に多い。それは女性にとって、「背が高い」というのは実は大きなコンプレックスであり、「背が低い」という男性のコンプレックスと方向は逆でも、中身は同じもの。お互いにコンプレックスを共有し、許容し合えるから、うまくいくと言える。

姿勢がよい――口数は少ないが、常に会話の中心

男性三人が食事をしている。よく観察してみると、ひとりだけきちんと背筋をピンと伸ばしてしゃべっている。

笑顔を絶やさず聞き手に回りながら、相づちを打つ。他のふたりが気ままに話し続ける中で、彼は会話のバランスを観察し、客観的、かつ平等な姿勢で対応する。時には脱線した話を元のレールに戻したりする。いわば会話の管制塔の役割を自らに課しているのだ。

そして、彼自身は控えめでそれほどしゃべらないにもかかわらず、他のふたりは彼に向かって座り、彼に向かって話しかけていることが多い。人望が厚いのだろう。

こうした男性は、飲み会をやれば面倒で皆の嫌がる幹事役を引き受けたりする。楽しい場でも、周りに気を遣って一〇〇%はリラックスできないタイプだが、きちんと会をまとめたことに充実感を覚えるため、それなりに楽しんでいるのである。

いかり肩――失恋もエネルギーに！　とにかく打たれ強い

一般に男性は、たとえ一センチでも自分を大きく強く見せようとするものだ。特に女性の前ではこの行動が顕著になる。肩をいからせ、背筋をピンと伸ばした姿勢は「ボクを見てくれ」という自己顕示欲の表われだ。自己愛が強くて自信家だが、気持ちがすぐに態度に表われる素直さがある。悪いことが起こってもめげないポジティブ思考を持っている。

女の子と目が合っただけで「運命かも」と感じ、積極的にアプローチする。デパートの案内係が笑顔で対応してくれれば、オレに興味があって親切にしてくれたんだと友人に話してしまう。たとえふられても「彼女は照れ屋さんだから」などと都合よく解釈して、まったく傷つかない。

こうした男性は「あの子、またオレのこと見てるよ」などと、しょっちゅう思っている。自らがジーっと彼女を見ているから目が合うのだということには、まったく気づいていない。露骨にイヤな態度をとられればさすがにすぐあきらめるが、次のターゲットをすぐ見つける。

失恋体験さえもエネルギーに変えることができる、打たれ強い男性だ。

猫背――風に揺れる柳のように……いつも自然体

猫背だと一見、暗くて内気な印象を受けるが、実はとても自然体な人だ。

一般に、仕事になれば背筋をキリリと伸ばし、オフになればダラリと力を抜くことが多い。しかし、猫背の人は普段からオフ。人目を気にすることなく、いつもナチュラルに振る舞う。変な言葉だが「無意識過剰」な人である。

見かけでどう思われたいかということにはあまり興味がない。その代わり、自分で決めたことにコツコツと取り組んでいたりする。マイペースで人の目が気にならないので地道。表面上はパッとしないが、いつの間にか内面が磨かれているという人も多い。

何を考えているか知りたければ、髪型、髪質を見よ！

髪が長い――美意識が高く、いつも鏡を見ている？

髪に気を遣い、長髪をキープしている男性は、美への探求心、セックスアピールなど自意識が高い。並みの女性よりも鏡を見る回数が多いかもしれない。ワックスやジェルでヘアスタイルを常に整えており、自分磨きに余念がない。

こうした男性は自分に自信があり、自分中心に物事を考える傾向にある。自分にカッコよさを求めるだけでなく、デートの相手にも理想像を抱き、それを実現させようとする。しっとりしたセクシーな女性を好むなど、女性の好みには色々とうるさい相手かもしれないが、逆に理想像がはっきりしているので、それに委ねるのもいいだろう。

髪が短い――保守的で大和撫子を好む

短髪の男性は、あまり髪型にこだわらない、というより、手間をかけたがらない。また、女性のオシャレにも無頓着だ。

女性に対して「清楚で女らしい人がいい」などと、妙に古典的な憧れを抱いており、保守的なところがある。ただし、長髪の男性と違って、それを相手に強いるようなことはない。

ただし、短髪でも、ワックスやジェルなどでキメている男性や、スタイリッシュなスキンヘッドの男性は美意識が高く、個性的なかわいらしい女性を好むかと思えば、大胆なファッションの女性に憧れることも多い。その時代の流行を取り入れた女性に敏感に反応する人が多い。

オールバック――目標に向かってまっしぐら！　な猪突猛進タイプ

一寸の隙もなく髪をピッチリ固めている人は、見た目通り、生真面目な人と言える。

この固まった髪は「兜《かぶと》」そのものである。

理想が非常に高く、それに向かって突き進む意欲も並外れて強い。仕事で成功を収めている人も少なくない。理想に向かって脇目もふらず猪突猛進。彼にとって、人生は常に戦いなのだ。

本当は面白さや柔軟性を秘めた人も多いが、武装しているときは極めて真面目。ヘアスタイルでオン/オフを切り替える人も多い。

また、若くしてオールバックにしている人は、仕事に対する不安を隠そうとしている面もある。

別れた彼女の悪口を言う人の髪質は?

髪質は、その人の情や性格をよく表わしている。

髪の毛が太くて硬い人は、頑固で強情なところがある。クセ毛の人はユニークな考えを持つ人が多い。また、誰に何を言われても自らの考えで我が道を行くタイプ。別れた元彼女の悪口を言う男性は、えてしてごわごわ硬いクセ毛だったりする。

髪が柔らかい人は柔軟性があって素直である。やや優柔不断なところがあるが、相手に合わせた言動がとれ、人間関係もおおむねスムーズだ。

ドライヤーで思い通りのヘアスタイルが作れる人も同じく、柔軟で素直な一面を持っている。

昔は直毛で柔らかかったのに、いつの間にか髪質が変わってクセ毛になった、という場合もあるが、それは素直だった性格に頑固な一面が表われてきたと言える。

髪が薄い――「なりたい自分」を目指すうちに……

髪が薄くなる原因はさまざまだが、ストレスもそのひとつと言える。実際、若くして髪が薄くなった人には、体を壊しそうなほど勉強などに没頭したという人も多い。

薄毛の人は現状に飽き足らず、「もっとこうなりたい！」「頑張らねば」とストイックに物事を考え、自分自身にストレスを感じる人が多い。

薄毛をカツラで隠そうとする人は、ありのままの自分を受け入れられないでいる。現状を受け入れられず、自分をよく見せたいという自己顕示欲の表われである。しかし、一方で、目立ちたくはないため、なるべく人の興味が自分に向かないように常に言動に注意を払っている。

一方、カツラであることをカミングアウトした人は、コンプレックスも知っているし、それを乗り越えた達成感も知っているからか、他人の心を気遣うことができ、幅広い価値観を持った人と言える。

また、はじめから髪の薄い自分を認めている人は、自分を等身大に見つめることができており、本来の自分より大きく見せようという虚栄心もない。自他に対する許容範囲が広く、自分の魅力に磨きをかけることのできる人である。

若白髪──周囲からのプレッシャーで……

少しのミスも許されない緻密な仕事を求められる人などが、自分のキャパを超えたストレスに見舞われたとき、みるみる白髪が進行するという。

同じ毛髪関係でも、ハゲるのは自分のために神経を使った人、白髪は周囲からのプレッシャーにさらされて苦労した人に多い。

若白髪の人は、数年前なら遊んで発散できていたが、家庭を持つなどさまざまな制約から思うようにストレスを発散できなくなったというケースも見受けられる。

髪型をよく変える人、いつも決まった髪型の人――柔軟性と強い信念

頻繁に髪型を変える男性は、長髪の男性同様、自分磨きに余念がない。

「こんなオレを発見！」

「こんなオレはどうだろう」

お金と時間をかけて、オリジナルな自分を作ることを楽しむ。まるでイメージチェンジを楽しむ女性のようである。

自分をコロコロ変えるという習性は、恋愛にも表われる。新しいものにすぐに目移りする。自分がしょっちゅう変化しているだけに、幅広い価値観を受け入れる柔軟性があり、色々な人のいいところを発見できてしまうのだ。そのため、恋愛対象が次々と変わっていくことも多い。

一方、髪型を変えない男性は、自分以外の何か別のことに意識が向いている。髪に

時間をかけるより、別のことをしようというわけだ。

かたくなに髪型を変えないという点は頑固さの表われでもある。「自分のイメージを変えたくない」。逆に言えば、柔軟性には欠けるが、一本筋が通った信念を持ち合わせているということになる。女性に関しても、好みは決まっていて比較的一途であることが多い。

2章

仕草編

何気ない「動き」だけで、
ここまで読める!

ここに注目！　喜び、怒り……すべてが見えてくる瞬間！

おっとり——明るいか、無表情かで……

物腰が柔らかい男性でも、表情の特徴によって性格は二つに分けられる。

表情豊かで明るい人の場合、親の愛情を十分に受けて伸び伸びと育ってきたと言える。その結果、のほほんとした穏やかな性格が育まれた。親もまた穏やかで細かいことにはこだわらず、愛情豊かに子どもを見守ってきたのだろう。競争を好まない平和主義者で、人と比較することなく、コツコツとマイペースの人生を歩む。裏表なく、いつも平常心を保つことができるため、結婚しても家庭に波風が立つことはあまりない。その屈託のない笑顔は人気を集め、男女問わず友だちが多く、またやさしいため、ヤキモチ焼きの彼女は心穏やかではないかもしれない。

一方、穏やかだが静かで無表情というタイプもいる。こちらは親などに抑圧されて育った可能性が高いため、自己表現がうまくできず、大人になっても常に他人や親の影を気にしているようなところがある。

どちらのタイプでも、悩み事を相談したときに親身になってくれるようだったらOK。いつもあなたの話に耳を傾けてくれる男性として、信頼の置ける存在となるだろう。

怒りっぽい――いつも誰かに認められたい！

怒りっぽい男性は、一般に自尊心が強く、自分に敬意を払ってもらいたいという意識が強い。自分が大切で、いつも誰かに認めてもらいたいと思っている。

もしカッとなってもすぐ冷静になり、「ごめんなさい」と謝れる男性なら、相手の気持ちもきちんと理解できる。その後、穏やかに話し合いができるタイプなら、喜怒哀楽が激しいが、感受性豊かな男性である。素直に自己表現をするタイプで、男らしく女性をリードし守ってくれる。

しかし、一度怒るとなかなか興奮収まらないという人は極めて自己顕示欲が強い。

他人を自分の思い通りにコントロールしたいという欲望が強く、暴力をふるう場合もある。お酒を飲んで暴れるタイプだったりこともある。

大人になりきれていないところがあり、ちょっと単純なところもある。たとえば遊園地や動物園にデートに行って、彼女よりも自分がはしゃいでしまうような天真爛漫さを持っていたりもする。喜怒哀楽がストレートなところを素直だと解釈し、母性本能をくすぐられる女性も多い。

もし、彼が怒ったときに「怖い」と感じた場合には、よく観察したほうがいい。女性のこうした直感はえてして正しいことが多い。自分勝手で強烈なエゴゆえに、キレやすい危険な男性かもしれない。

一方、めったに怒らない穏やかな男性は、情緒が安定していて、怒鳴らなくても話し合いでわかり合おうとする平和主義者だ。相手の気持ちを思いやることができ、譲り合うこともできる。

こうした男性は、あなたがどんな言動をしても、受け入れようとする。あなたは自由気ままに振る舞えるが、そのやさしさにあぐらをかいていると、突然別れがやってきたりする。

穏やかな性分のため、ある程度のわがままは我慢でき、またその我慢の中でも喜びを見出す努力をする。しかし、そのわがままが彼の限界を超えてしまうと、受け止められなくなり破綻《はたん》してしまうのだ。愛情を持続させるには、お互いに譲歩し合い、思いやりを持つことが肝心だ。

怒らない男性は、伸び伸びと自己表現をする明朗活発な女性に憧れることが多い。自由奔放で、つかまえていないとどこかへ飛んでいってしまいそうな、華やかで目立つ女性に魅かれたりもする。こうした真面目な男性ときらびやかな女性のカップルは少なくない。

ただし、結婚にまで至って家庭を持った場合、穏やかな男性は最終的には自分と同じような女性を選べばよかったと思うことも多い。もしあなたの彼がこのタイプだとしたら、男性が受け止めてくれる分、愛情を注ぐ努力をしよう。

腕を組む――本心を隠している、と言われるけど……

腕組みは、なんだか偉そうな仕草で、「身を守るため」とか「本音を隠そうとしている」というように、何か内に秘めたものを持っているような印象を与える。しかし、あなたの目の前で「う～ん」と困り顔で、あからさまに腕を組む行為は、実はあなたに対して邪心がないことの表われ。感情を素直に示しているのだ。「本音を隠そうとしている」のではなく、むしろあなたに気を許していたりする。

本気で考えているからこそ、思わず腕組みをしてしまう。それは実に自然で素直な気持ちの表われなのだ。

いつもキョロキョロ――「オレを見て!」のサイン

レストランで女性と向かい合って座っているのに、視線はあっちのテーブルを気にしたり、こっちを見たり……。

このように無意識についキョロキョロしてしまう男性は、周りが気になっているのではない。自分自身の存在をアピールしているのだ。潜在的に自分に自信を持っており、キョロキョロは「オレを見てくれ!」「オレはここだよ!」というサインなのである。高い理想を抱いており、自意識過剰とも言える。

そして、好奇心も旺盛だ。欲張りゆえに、あれこれ目移りしてしまう。現状に満足しておらず、心の中ではいつも何か別のものを追いかけている。だから話をしていても集中できない。

「いい歳して落ち着きがない」と言われるのもこのタイプだが、好奇心旺盛であるおかげで、いつまでも若々しくいられる。

また、本人は自分のクセに気づいていないことが多い。

もし、そんな彼の心を釘づけにしたいなら、いつもと違う格好をするなど刺激的な演出をしてみること。彼好みの服装ならすぐ興味を示すだろう。逆に、もし別れたくても言い出せないという状態なら、代わり映えのしない着こなしでずっといるだけで、ゆっくりフェードアウトできるはずだ。

爪を噛むのは……ストレスから？　甘えから？

暗い表情で爪を噛むクセのある人は、何か深刻な考え事があって、ストレスからその行為を行なっていることが多い。自分の意見を表に出すことができず、心の中にたくさんため込んでいて、それがまた新たなるストレスを招いている。打ち解けるのに時間がかかる人と言える。

一方、明るい性格で、爪を噛むクセのある人は、甘えん坊が多く、手持ちぶさたからの行為であることが多い。小さい頃、乳離れが早かったり、愛情をもっと注いでほしいと感じていたとも考えられる。こちらはコミュニケーションをとりたいという欲求があり、スキンシップに安心感を得る人が多い。

また、爪をきちんと切っている人は、いわゆる「きちんとした」人だ。子どもの頃に決められた約束事を守り抜くことこそが、人生のテーマのように思っている。決められたことを素直に守るのは得意だが、自分の行動に枠を設けてしまい、自由に振る舞えないところがある。

まばたきの回数は、自信のなさに比例する!?

人と話すとき、緊張していたり、自分に自信がなかったりすると、うつむき加減になって、まばたきが増える。

話を聞く姿勢はあるし、情報はたくさん持っているのだが、話すタイミングがつかめず、それがストレスとなってまばたきが増えてしまう。また、話す機会が与えられても、きちんと意見が言えるかどうか不安な場合も、まばたきになって表われる。

「うわ、これ欲しい〜！」とショーウィンドーを凝視するとき、人はまばたきなど忘れている。興味のあるものを前にすると、よく見ようとして、まばたきすることなくじっと見つめてしまうものなのだ。

誰かを前にしてもそうだ。まばたきが少ないということは、相手に興味がある、よく見ようとしているという気持ちの表われ。また、しっかり目を合わせられるのは、興味の表われであるとともに、自分がこの場にいることに対して自信があることの証でもある。

さらに、まばたきが少ないのを通り越して、相手の目をジーっと凝視する人もいる。それは好奇心旺盛でスポンジのように何でも吸収しようという人に多い。さほど興味のない人を前にしても、その人のいいところを発見すべく、話を受け入れる姿勢を持ち、相手の目をじっと見て話すのである。

ただ、こういう人でも、何かのきっかけで相手への興味を失うと、視線の様相が豹変する。好意のまなざしではなく、「自分の範囲外だな」と相手を値踏みするような視線で凝視するようになるのだ。

タバコの煙の吐き方――彼の「気配り度」がわかる

タバコを吸う男性にとって、煙を吐き出すときというのはリラックスする瞬間。それだけに、ついつい素が出てしまうものだ。その煙の吐き方で、彼の本質を見抜くことができると言っても過言ではない。

目の前に座るあなたに向かって、煙を浴びせるように吐く男性は、あなたへの緊張感はゼロ。悲しいかな、周囲への気配りや、相手を大切にしよう、思いやろうという気持ちが基本的に欠けている。いくら「キレイだね」とほめてくれても、その後でタバコの煙を吐きかけられたら要注意。言葉で配慮してくれても、細やかな気配りは期待できない。極端な話、ひとつしかないお菓子やパンを半分にして分け合うことをしないタイプだ

つきあい始めた頃はあまり気にならないとしても、もし一緒に住むようになれば如

実にわかってくる。そして、結婚したら、妻に対して「風呂」「メシ」「寝る」しか言わないような夫になる可能性も高い。「昔はやさしかったのに」と、ため息をつくことになりかねない。

一方、**目の前にいるあなたを避けて煙を吐く人**は、いつもそこにあなたがいることを忘れない男性だ。自らの理想は高いけれども、相手あってこその自分だということをわかっている。常に気配りを忘れず、彼女を大切にする男性だろう。

また、**タバコの煙を鼻から出す人**は、細かいことにこだわらないが、かたくなな性格であることが多い。人の目を気にしない男性である可能性もある。もしくは頑固で、人から注意されないタイプのため、今までこの少々滑稽な姿に対して、誰からも指摘を受けなかったか、指摘されても直らなかったと考えられる。

だとすれば、「あっ、鼻から煙が……」とさりげなく言ってみよう。笑いが生まれたり、「え？　ホント？」と次から改めるようなら、まだまだ「素直さ」や改善の意志は持っていると言える。

❧タバコの消し方に注目――「心」がもっとも見えるとき

指先にはその人の気持ちや性格が実によく表われる。

特にタバコを吸うときというのは、リラックスしているだけに、いっそう本性が表われやすい。

タバコの吸い殻を灰皿にギュッと強く押しつけて火を消す人は、好き嫌いがはっきりしていて、何ごとにも白黒をつける。理性的で、自分なりのルールを持っており、それをかたくなに守りたい人だ。表向きは穏やかに見えても、吸い殻が折れ曲がるほどグイグイ押しつけているようなら、心の中に熱いものを秘めており、思い込んだら徹底的にやり抜くタイプである。

タバコをそっとやさしく消す人は、感情をあまり表に出さないタイプだ。人に悩みを打ち明けることはめったになく、すべて自己完結するタイプ。穏やかではあるが、長いものには巻かれろという優柔不断な側面も持つ。「何が食べたい?」と聞かれたら「何でもいい」と答えがちだ。決して自己主張はしないが、心の中に信念を抱いていることもあり、譲れない一線を持っていたりする。

こうした男性はめったに怒らないが、いったん怒らせてしまうと関係修復は難しい。カップルなら、別れにつながるだろう。

吸い殻を灰皿の中でキレイに並べている人は、穏やかだが神経質なところがある。人見知りで、自分の周囲に壁を築いており、内面をさらけ出すのは家族か本命の彼女だけ。女性には、「いい人だけど、面白くない」と言われがちである。恋愛はしたいが、前の彼女がいつまでも忘れられないという、過去に縛られて殻を破れないタイプが多い。

ただし、真面目でやさしく、相手に合わせた言動をとることができ、女性を大切にしてくれる。ひとりの女性を好きになったら一途で長いつきあいができる。打ち解けてみると実は面白い人だとわかることもある。

吸い殻の火種をボロッと落とす男性は、少々クセがある。心を許したほんのひと握りの人にしか本音を言わず、時に突飛な行動に出ることもある。

普段は真面目で、仕事もきちんとできる明るい人なのに、浮気にハマると、とことん突き進んでしまったりする。しかし、肝心なことをおろそかにしがちで、ツメが甘く、周囲に「え!?　あの人が!?」と驚かれることも少なくない。

❧モノを投げ置く――女性に対する姿勢が、ここに表われる

たとえば手帳や携帯など、自分の持ち物をテーブルに置くとき、ポイッと放り投げる人がいる。あるいはペンケースのフタを閉めるとき、必要以上の力でバンッと大きな音を立てたりする。何気ない行動に荒っぽさが見られる。

ものを扱う仕草には、女性に対する姿勢がそのまま表われていると考えていいだろう。ものを大切にできない人は、どんなに〝いい人、ステキな人〟のように見えても、最終的には女性を大切にはしない。

初対面からこうした粗暴な仕草の男性は、女性に敬遠されがちなため、女性には縁遠い。だから、はじめは女性をとても大切にするような素振りを見せることもある。

しかし、少しつきあってみると、色々な場面で、あれ？　と気になる仕草が見えてくる。

彼がタバコを吸う人なら、タバコを取り出した後の箱をどうするか、見てみたい。ポイッと投げ捨てるようにテーブルに置いたら、ライターもまたテーブルに放り投げるのではないだろうか。

彼がタバコを吸わない人なら、バッグの扱い方に注目してみよう。レストランに入って席に着くとき、バッグをどう置いているだろうか。キレイなところを選んでそっと置くのか、乱暴に床にドサッと置くのか。

ものに対する何気ない扱い方は、取り繕いようのない人間の本当の姿が表われる。ものを粗末に扱う男性は、女性に対してもマメさと思いやりに欠ける。内弁慶や、「釣った魚にエサはやらない」本性を秘めている人が少なくない。ひどい場合には、暴力をふるうような男性に豹変するケースもある。

もし、彼のものを扱う仕草が気になったら、「やさしくしてあげてね」と言ってみよう。素直に謝る人なら、まだ心を改める希望がある。しかし、そこで「細かいことにいちいちうるさい」とキレた場合には、おそらく彼はずっと変わらないので、注意が必要だ。

腰やあごに手をやる――みんなから慕われたい「王様」タイプ

腰に手をやったり、アゴやヒゲに手をやったりする仕草は、みんなを見守るべき存在でありたいという気持ちの表われだ。一家の大黒柱や、管理職など部下を従えた人の仕草とも言える。いわば監督や王様のようなイメージだ。

といっても権力を振りかざすのではなく、ものわかりがよく、みんなのことをよく理解し、思いやりを持って接したいという姿勢だ。頼りになる存在になりたい、みんなから思い慕われたいというアピールでもある。

少々偉そうな印象があるかもしれないが、重い責任を背負った者の、極めて無意識な〝見守る〟〝考える〟ときの仕草である。

管理職であれば、部下のモチベーションを上げるにはどうしたらいいかと、部下たちの様子をうかがっているとき、また売り上げを上げるにはどうしたものかと検討しているときなどにこの仕草が見られる。

いずれも、とっさの感情などで声を荒らげたり、軽んじた発言や行動をとることはないゆえ、自分でストレスを抱え込みやすい。感情を抑えることのできる気の長いタイプとも言える。

身振り手振りが大きい――失敗しても立ち直りが早い

身振り手振りなどのジェスチャーを交えて話す人には、話し上手が多い。相手にもっとわかりやすく話そう、より面白く話そうと心がける気持ちが、身振り手振りに表われるのだ。

必要以上にオーバーアクションだったり「ドバッ」とか「ダ～ン」など、擬音や効果音を多用したりする人もいる。こうした男性は、常に話の輪の中心にいたいと思っており、穏やかそうに見えても負けず嫌いなところがある。子どものように素直で感情表現が豊かだが、論理的に話すのは苦手。「考えるな、感じろ」のごとく、感覚で生きている人である。

追い風に乗っているときはポジティブだが、失敗すると一気に落ち込んでしまうことがある。が、立ち直りや切り替えは早い。自らの感覚を頼りに自然体で生きており、相手に伝わっているいないは抜きにして、話すことを自らが楽しんでいる。ただし、それを指摘してしまうと自然体でいられなくなり、彼らしさを失ってしまうので、やさしく見守ってあげたほうがよい。

苦を楽に変え、困難を乗り越えるのが得意で、情に厚く、女性を思いやる心がある。

目の前でネクタイを直す――緊張でドキドキの状態

もし、あなたの目の前でネクタイを締め直したり、メガネをかけ直したり、あるいはワイシャツの襟元を直したりといった動作をしたら、それは緊張の表われであると同時に、あなたへの敬意の表われでもある。同様に髪の毛を直す、顔を触る、汗を拭くといった仕草も「この人の前ではきちんとしなきゃ」といった意味あいを持つ。

ただし、その仕草が慌てた様子で、しかも笑顔がないとしたら、極度に緊張している可能性がある。たとえば、あなたに一目惚れしてしまい、平常心を保つために行動を抑制していると言える。真面目すぎて、本命の女性を前にすると緊張して落ち着いていられないのだ。

また、真顔で敬語を使い続けるような人は、表向きは平常心を保とうとしているが、実はプライドが高く、打ち解けるまでにかなりの時間がかかる。女性とつきあった経験が少なく、ちょっと話しただけでは面白味のない男性に映るかもしれない。

しかし肝心なのは、そこに笑顔があるかどうか。初対面で笑顔が見られ、次のデートにも誘ってくれるようなら、あなた次第で彼の心をオープンにできるだろう。

貧乏ゆすり――あふれ出る不安の表われ

貧乏ゆすりは欲求不満、不安感、緊張の表われである。頭の中でさまざまな考えが渦巻いていたり、頭が一杯になるほどの不安を抱えていたりして、居心地の悪さを感じている。早くこの場を抜け出したいとか、何とかしたいという葛藤や緊張など、言葉にできない心理が、貧乏ゆすりとして表われるのだ。鼻を触る、アゴに手をやる、髪の毛をいじるといった動作をともなうことも多い。

しかし、環境を変えて気分転換するほどのアクションは起こさず、あくまで現状を維持しなければならないという気持ちばかりが先行している。デリケートで心をあらわにしない男性ならではの反応と言える。

さらに深層心理を探ると、実はストレスを抱え込んだままでいたいという意識がある。酒やタバコ、ギャンブルなどがやめられないように、ストレス中毒に陥っているのだ。ストレスを抱えている状態こそが自分の本当の姿で、いつの間にかそれが続くことを望むようになっている。

こうした男性に「貧乏ゆすりしているよ」と言っても、まず止まらない。なるべくストレスを感じないような空間を作ってあげることが、いい関係を築くコツである。

ポケットに手を入れる――自分の「手の内」は見せない

人はウソをつくときに、身振り手振りが小さくなると言われている。ポケットに手を入れるのも、こうした「手の内を見せない」仕草のひとつだ。また、口に手を当てて歯を見せないように笑ったりするのにも同様の意味がある。

男性の場合、特にジーンズの前の両ポケットに手を突っ込む動作は、あやしい行動のひとつである。男性は女性の前では特に、肩肘張って自分を大きく見せたがるものだが、ポケットに手を入れると小ぢんまりして見える。普段とは違う心理が働いている証拠だ。

ポケットに手を入れた状態で交わしている会話には、ウソの種があることが多い。

たとえば彼が「仕事が忙しくて」と言った場合、「お疲れさま。忙しかったの？」と目を見て言いながら、彼の表情や仕草に注目してみよう。目が泳いだりしていればクロ、つまり彼はウソをついていると言える。

実際、ポケットの中にウソの原因があることも多い。キャバクラの名刺などを無造作にポケットに入れて隠したつもりになっている場合もあったりする。

舌打ち――なりたい自分になれないのは「誰か」のせい

舌打ちの多い人は、理想が高く、こうありたいという強い意識を持っている。しかしそれが思い通りにいかないときは、自分のことを棚に上げ、他人や別の原因に責任を転嫁しようとする。問題に直面したとき、前向きに取り組むことができず、問題を先送りにしてしまう。いつも何かに不満を抱いており、舌打ちの後にはたいてい愚痴が続くが、問題を見つけ、それを改善しようとはしない。

よく言えば、いつも何ごとにも正面から真剣に向き合おうという姿勢の持ち主ではあるが、問題を突き詰めて自ら状況を変えていこうというまでには至らない。

もしあなたの彼が舌打ちをする人だったら、注意してあげることが必要だ。「ちぇっ」という、たった一瞬の舌打ちで、人間関係や仕事すべてに悪影響をもたらす可能性があるからだ。そしてストレスがたまらず、心が穏やかになるような状況に置いてあげるのがベスト。いつも真面目に物事を考えてはいるので、彼を立てて頼ってあげるようにし、ポジティブ思考に変われるよう導いてあげよう。

アゴを上に突き出す――もし笑顔なら、あなたに「全面降伏」

話しているうちに自然とアゴを上に突き出すような姿勢になっている場合、表情に笑顔があるかどうかでその真意は分かれる。

笑顔がまったく見られず、「それで？」と斜に構えたような、ぶっきらぼうな言葉を口にする男性は、自分が優位に立ちたいと思っている。アゴが上がるので上から人を見ることになる。

彼の言葉は短く、それによって自分の優位をアピールしようとする。「お休みの日は何してるの？」と聞けば「色々」。「スポーツとかやらないの？」と話題を作ろうとしても、「オレはいいや」「くだらない」など、取りつく島もない。「最近やっとパソコンを買って習い始めたのね」と興味のありそうな話題をふっても「オレは興味ないし」と、〝オレは〟を主張するのだ。思いやりに欠けた、ひとりよがりな一面を持っている。

一方、目をきちんと合わせ、笑顔が見られる場合は、あなたに対して心を開いている証拠だ。アゴを突き出すと、急所である首の周りが無防備になる。これは動物として「武器をすべて捨てます」という意思表示なのだ。ただし、プライドの高さゆえ、他の手段や言葉でその気持ちを表現できない。こういう彼には敬意を持って接し、ほめる言葉を何気なく会話の中にさし挟んであげると、次第に彼の心の壁を低くすることができるだろう。

自分が楽しめるかどうか、自分に注目が集まっているか否か、自分が評価されているかどうか、ということにとても敏感でナーバス。しかしいざ仲良くなってみると、会話が冷静沈着で面白かったりする。友だちとのコミュニケーションなどで過去に傷ついた経験を持っていることもある。

この人は自分の味方で、評価してくれるということがわかると、反発心がなくなり、笑顔を見せてくれる。根は素直で真っ直ぐな人なのである。

手を頭の後ろで組み、ふんぞり返る――「上司を越えたい！」願望

見るからに「オレは偉いんだぞ」という態度の人は、彼自身もかつてそうした上司を持ったことがあり、「いつか見返してやる」と思い続けて、今それを実現させていると言える。

もともとプライドが高いのだが、そのプライドを踏みにじられた経験のある人が多く、根底には「評価してほしい」という願望がある。

自分のモノサシで他人を判断し、頭ごなしにものを言いがちである。また、過程よりも、結果がすべてと考えている節がある。

ただし、上下関係は強く意識しており、上司には腰が低い。若かりし頃のトラウマを引きずっている影響とも言える。

カフスや袖を触る――緊張を悟られたくない

人は緊張すると、つい、いつもと違った行動をとってしまいがちである。片手でもう一方のカフスや袖をしきりに触るのは、緊張しているがそれを悟られたくないという意識の表われだ。カフスを触るときには手のひらは自分のほうを向く。これは、ウソをつくとき、ポケットに手を入れるのと同様に、「手の内を見せない」仕草のひとつである。

こうした仕草をする人は概して生真面目で、身近で親しい相手にしか心をオープンにしない。他人には自分の領域に踏み込まれたくないと思っている。また、努力をしている姿や平常心でない姿を見られることを好まない。

一方、カフスを触りながらも笑顔が見られる場合は、あなたに敬意を抱いており、本当は心を開きたいという意識の表われと考えることができる。

ためいきの多さは、彼の「心の悲鳴」？

ため息が多い男性は、問題に直面しても自分で解決策を見出せず、解決を先送りにしがちである。プライドが高く、人に弱みを見せることを好まないため、誰かに相談したり人任せにしたりすることができない。自分ですべて抱え込んでしまい、結果として処理できなくなってしまう。そして、「なんでこんな目に遭わなきゃいけないんだろう」と不遇を嘆いてため息をつく。内側に内側にとベクトルが向いているのだ。

舌打ちと同様、ストレス中毒に陥っており、ため息をつくことがまるで呼吸のようにクセになってしまっている可能性もある。

ため息の連発は、彼の悲鳴かもしれない。

ため息の多い人は、常に物事をダイレクトに受け止める。自分のキャパシティ以上の問題にも真正面からぶつかってしまい、手に負えなくなってしまうのだ。

ため息ばかりついていると、心だけでなく体の調子までおかしくなってしまう。そういう人がいたら、なるべくストレスから遠ざけ、彼の趣味や気分転換につきあうなどして、〝笑える〟機会を増やしてあげたい。

3章

話し方編

会話の「クセ」でわかる、彼の心の中

話し方でわかる、彼の性格と考え方

話に「尾ひれ」をつける──心やさしき小心者

男たるもの、ひとつぐらいは「武勇伝」を持っていないとカッコ悪い、と思っているのかもしれないが、

「アッタマきちゃってさ、そこでオレはぶっ飛ばしてやったわけよ！」

と、威勢のいい話を延々とする人がいる。

「よろけた拍子にそいつの携帯がポケットから落ちてさ、踏んづけそうになったのでよけようとしたら、今度は反対によろけて勝手に転んでやんの。どうしてやろうかと思ったけど、こっちを見るより先に、後生大事に携帯を拾って、画面をシャツで拭いてやがってさ。でもビビッて手が震えてるんだよ。情けねえよなあ」

なぜかやけに描写が細かい。このような「武勇伝」を得意げに語る男性はたいてい

小心者だ。

おそらく人生の中で一番ショッキングな出来事だったのだろう。だから印象が鮮烈に残っており、事細かに描写できるのだ。

本当に図太く、許容範囲の広い男性なら、多少のケンカなどそれほど印象に残っていないものだ。事細かに話す人ほど、実は繊細で気が小さい。よく言えば心やさしい男性と言える。

暴力沙汰になったことに傷つき、何よりも自分の粗暴な振る舞い自体に自己嫌悪を抱いているのだ。

「課長の目の前に、バン！　って書類を叩きつけたら、スカッとしたね！」

「こんな条件が飲めるか！　って目の前で破いてやったよ」

一世一代の武勇伝。めったにないからこそ聞いてもらいたい。そんな心情が働いているといえる。

「でも……」――構ってほしいからこそ反対してしまう心理

たとえば「イチローってスゴイよね」という話で大勢で盛り上がっているとき。「え？　でも、チームでは孤立してるらしいよ」などと話に水を差す人がいる。とにかく大勢に迎合したくないようで、「これっていいよね」と水を向けても、すんなり「そうそう」とは言わない。「でも、それはね……」と必ず否定する。

こういった男性は一見コミュニケーションを拒んでいるようだが、実は逆に構ってもらいたい甘えん坊なのである。

否定することが彼にとっての自己PRであり、それを取っかかりに自分に注目してほしいのだ。周囲が彼の発言にしらけて押し黙ったのを、当の本人は自分の意見に耳を傾けているのだと勘違いし、コミュニケーションがうまくいっていると思い込んでいる。

好きな女の子にわざと意地悪をしてしまうのと同じような、彼のナイーブさの表われとも言えるかもしれない。

そして、それが彼なりの最高のコミュニケーションの深め方なのである。

「そうそう」「だよね」――ホントはぜんぶ「上の空」

「○○ってスゴイよね」「そうそう」

「△△って面白いよ」「だよね」

「○○好き?」「あ、ウン、好き好き!」

など、人の話に合わせるのがうまい人。

一見、人当たりがよくてオープンなようだが、こういう人ほど実は、なかなか本心を見せなかったりもする。

話を肯定しているのは、その場の雰囲気を大切にしているだけで、特にその話題に興味があるわけではない。

その場ではうなずいているけれど、ただ聞き流しているだけで、本当の気持ちは彼の心の中にだけ大切にしまわれていたりする。

話を否定する人は、その話題を通じてコミュニケーションしたいので、一語一句聞き漏らさず聞いている。だから意見するのだが、肯定してばかりの人は、一見、人の話を受け入れているようで、実は全部上の空ということも多い。

もちろん何にでも素直に興味の持てる人もいるが、実は話は上の空の彼にとって、一番大切なのは自分の価値観。がっちりガードされた価値観を持っているから、「そうそう」と話を合わせながら、心の中では自分の価値観をさらに固めてゆくのだ。

宴会でひとり無口——思いがけないアイデアマン

大勢で盛り上がっているのに、その中でひとり、もの静かな人がいることがある。

ひとつは、みんなが盛り上がっているのをニコニコしながら見ている控えめタイプ。

このタイプの男性は、口には出さないが、きちんとした自分の意見を持っている。物事を掘り下げて考えるタイプで、石橋を叩いて渡るような慎重さがあるため、うわべだけの会話にはあまり乗ってこない。誰が何を考えているのか、じっと見守っている観察マニアだ。心の内には熱いものを秘めているが、質問を投げかけられるまであえて意見を言うこともない。

しかし、このような人は、「能ある鷹は爪を隠す」で、平等でバランスのとれた意見や、考えてもみなかったアイデアを持っていたりする。会議で意見が紛糾し、埒《らち》が明かなくなったとき、彼の一言で即解決！　などということも意外に多い。

一方、明らかに不機嫌で押し黙っているという人の場合。

話題についていけずに疎外感を覚えていたり、またはつまらないという感情が表に出てしまっていたりする。

このようなタイプは、自分のモノサシを誇示する人に多い。また、常に人の上に立って物事を考えたい、比較的頭脳明晰な男性であったりする。

情に乏しく、感情を素直に表わす女性を見るとどうしたらいいのかわからなくなる。

このような人には、質問や相談形式で答えを求めるのが、コミュニケーションを深めるコツである。

笑いが消えて、突然真顔に――「そろそろ帰りたい」

大勢で盛り上がっている席で、普段は愛想よくニコニコしているのに、時折真顔になる人がいる。

しかし、一見協調性を保って見える彼の、その真顔こそが、本当の彼の心そのものだ。

次にどんなタイミングで何をしゃべろうかと、自分の出番を考えていることも多い。

また、そろそろ帰りたい、明日の仕事が気になる等々、言い出せないことが顔に出てしまうのだ。

視線がみんなと同じ方向を向いていない、マイペースな男性で、何よりも自分の価値観を大切に守る、自己顕示欲の強い人が多い。

また、心に何か悩みを抱えていたり、憤りを感じていたりする場合もある。そんな彼の表情が気になったら、一度ふたりでゆっくり話し合うといいだろう。

「オレは〜」「オレって」――いつでも「ヒーロー」気分

日本に来て間もない韓国人の友だちがいた席でのこと。日本語のわからない彼は私たちとコミュニケーションをとろうと、英語やカタコトの日本語で一生懸命しゃべっていた。

彼は決して英語がうまいわけではない。しかし、日本人と違うのは、たとえつたなくても積極的にしゃべろうとするところだ。

「すごい！　日本人の多くは学校で六年以上勉強してもほとんどしゃべれないのに」

すると、ひとりの男性が言った。

「え？　オレは中学から英語しゃべれたけど？」

こういう「オレ的にはねぇ」「オレはね」が多い人は、そのものズバリ、自己顕示欲が強い。

このようなタイプは頭がよく知識も話題も豊富で、こちらが彼の話に興味を示せば惜しげもなく知識を披露してくれる。

ただし、「聞く耳」は備えていない。人の話より、常に自分が話せるタイミングを待っている。

また、相手が自分より上か下か、上下関係を本能的に判断しようとする。

「この人と一緒にいたら、オレにメリットがあるのだろうか」などと、「オレ」を基準に利害関係を気にしている人が多い。

また、「オレは何でも知っている」という状態であることが好きだ。だから、話の中で話題にのぼった人の名前は聞き逃さないし、誰が何をしたか、細かい話題も常にチェックしている。

いつも話の中心にいたいし、自分の知らない話が出てくると一気に不安になる。とにかくこのタイプは自分が大好きなので、周囲の誰もが自分を好きで注目していると思い込んでいる、ある意味〝いじらしい〟部分もある。

「早口」の人は頭の回転も早い⁉

ペラペラと早口でまくしたてる男性は、一見頭の回転が早く、自信に満ちているように見える。なにしろ真面目で勉強家であり、髪型や装いもきっちりしている。

実際、プライドが高く、気持ちに揺れがないため、自分の主張をよどみなく伝えることができる。

しかし、本当は自信がなく、うっかり他人に突っ込まれないように予防線を張っているため、早口になってしまうのである。

また、そのプライドゆえ、自分の領域に他人が立ち入るのを好まない。だから早口にまくしたてて壁を作ってしまうのだ。

本当に腹を割って話せる間柄の友だちの前では、それほど早口にはならないのである。

ペラペラしゃべるから何事にもオープンなのかと思いきや、本心をなかなか明かさないのも早口の人の特徴だ。弱みを見せるのを何よりも避けようとするのである。

ゆっくりしゃべる――「イヤなことはイヤ!」

ゆっくりとマイペースでしゃべる人は、いつもニコニコと温厚なのだが、受け取る人によっては「自分がない」「人に合わせてばかり」果ては「トロい」などという印象を持たれてしまう。

しかし、じっくり話してみると、しっかりした考えを持っていて、頭の中できちんと考えがまとまっており、イヤなことはイヤと言える、裏表のない人だとわかる。実際、ウンウンうなずいてばかりいるように見えても、納得したことにしか「ウン」とは言っていない。まさに「能ある鷹は爪を隠す」。他の人がたいした考えもなしにペラペラしゃべっている間にゆっくり咀嚼《そしやく》して、本質を理解しているのだろう。お酒を飲むのもマイペースで、ゆっくり酔っぱらう。中身があるから、話す機会があれば、意外と長々と語ってくれる。聞き上手は話し上手だとわかる。裏表がないから、つきあっていて心地よく、色々な価値観を受け入れる器があるから、話題も豊富な男性と言える。

上からモノを言う――本当は対等でいたいのに……

何かというと上からものを言う人は、自分のモノサシで相手を判断することが多い。どんなに努力をしても、数字や結果を出さなければ認めてくれない。かといって、結果を出しても手放しで喜んでくれるわけではない。それは当たり前のこと、もしくはもっとできるはずだと、さらに目標値がアップしたりする。プライドも高く、完璧主義。自他ともに対する評価が低く、厳しい人が多い。

判断基準が自分だから、入社間もない新人にも「なんで、こんなことができないんだ！」と怒鳴ってしまいがち。「今の若者はダメ」とため息をつくタイプだ。それだけに、仕事への熱意は誰にも負けない。

そんな上司には、日頃のご指導への感謝の気持ちを伝えた上で、今後の抱負を述べたりするとよいだろう。

一方、会社の上司が部下に命令するように、女性に対して高圧的な態度をとる男性は、自分のモノサシで何ごとも判断し、それを相手にも求める傾向がある。

押しが強く行動的で、最初はレディーファーストだったりするため、高嶺の花のような女性を射止めたりする。

しかし、いざ彼女を自分のものにしてしまうと本来の自分をさらけ出し、上から頭ごなしにものを言うようになる。

そして、ひとたびそうなると、判断基準がすべて自分になり、相手のいい点を見つけることができなくなってしまう。何ごとにおいても自分の頭の中で完璧なシナリオを作り、その通りにいかないと攻撃的になったりもする。女性としては、我慢の必要な相手だろう。

しかも、自分の価値観を揺るがすようなことを言われると、暴力をふるうタイプにもなりうる。

しかし、怒られっぱなしで萎縮してしまうのは、実は逆効果。女性が我慢し続けていると、ますますエスカレートするだけだ。

我慢に我慢を重ねた女性が耐えられなくなって、

「いい加減にして！　私だって考えているのよ！」

と爆発して、ようやく彼の目が覚めるのである。

高圧的な態度をとりながらも、心の底では「対等でいたい」と思っている。それなのに、自分の態度のせいで女性が萎縮してしまい、決して対等にはならない。それがわかっているから、自分に対しても腹を立ててイライラしてしまう、という悪循環なのだ。

この悪循環を断ち切ることで、初めて彼は素直になることができる。

こうした男性は一般に仕事や勉強ができ、実直で几帳面、清潔感もある。さらに、表向きはやさしいので、「あの人に限って」と、周囲に相談してもわかってもらえないということも多い。暴力をふるったり暴言を吐いたりしているにもかかわらず、相手とのセックスには手を抜かない。コミュニケーションやスキンシップをとりたいという気持ちが強いと言える。

声がやたらと大きい――自分に注目してほしい寂しがり屋

周囲の視線など少しも気にせず、なりふりかまわず大声で話す人がいる。いや、気にしていないように見えて、実際には〝周囲の視線を気にしながら……〟というのが正解。

これこそ、「オレを見て！」という自己顕示欲の表われである。

声の大きさで自分の存在の大きさをアピールしていると言っても過言ではない。

しかし、声が大きいから心も豪快かというと、そうでもない。

いつでも携帯を気にしていて、メールが届くと即返信。電話にはワンコールで出る。かかってきた電話はすべてアドレス帳に登録する。

実はいつも誰かと関わっていたい、寂しがり屋なのだ。

何人かでしゃべっているときにも、この寂しがり屋心が発揮される。

「なんとなく場に馴染めていないな」「オレだけ話がわかっていない気がする」「注目

されていない」と感じるや、大声で割り込んで自分に振り向いてもらおうとする。大声は「こっちを見てよ！」というメッセージなのだ。その心の底にあるのは、寂しがり屋ゆえの「不安」である。

大きい声の持ち主は、今、話題になっている人のすぐ隣にいたいのである。疎外感を感じると居心地が悪く、突然席を離れてしまったり、思ってもみないことを言ってしまったりと心穏やかでない。大勢に注目されていたい、常に話題の中心でいたいタイプで、自分に注目が集まらないと傷ついてしまう、デリケートな心の持ち主である。

「ありがとう」「ごめんなさい」が言える人、言えない人

自然に「ありがとう」と言える男性は、他人に対して思いやりがあり、女性を大切にしてくれる。

仕事でも女性に対してこの感謝の言葉が言える人は、間違いなく出世していると言える。異性に対して素直に感謝の気持ちを表わせる男性は、どんな人にも気配りができるのだ。

特に、初対面での「ありがとう」に注目してほしい。初対面で言わないとなれば、仲が深まったところで、口にすることはないだろう。

同様に、心のこもった「ごめんなさい」が言える人はとても素直な心の持ち主。相手のことを考え、尊重することができる心の広さを持っている。逆に「ごめんなさい」が言えない人は、凝り固まった考えやプライドを崩すことがなかなかできない。お互いに譲り合うのではなく相手から歩み寄ってきてほしいと考える、大人になりきれていない人と言えるだろう。

総じて、近しい人にも「ありがとう」「ごめんなさい」が素直に言える男性は、わけへだてなく人を思いやることができる。ポジティブなものの考え方ができ、素直に気持ちを表現することにも長《た》けていて、そばにいるだけでハッピーな気分にさせてくれる心豊かな男性と言える。

話しながらモノをいじる――自分の評価は何点?

向かい合って話している最中、テーブルの上のものをずっと触っている人は、なにがしかの緊張を強いられている。心にゆとりがなく、相手の話に相づちを打ってはいても、実は話を聞いていないことも多い。

彼は、どんな言葉で、どんな反応をすべきか悩んでいて、落ち着かない状態にある。「どう答えよう。次はどこに行こう」などと考えていたりするが、それは女性を思いやってのことではない。相手よりも自分の立場が大切で、言葉や行動によって自分がどう見られるかが気になる、自己顕示欲の強い男性だからだ。

よく言えば、常に評価を気にしているので、好きな彼女からも好印象を持ってもらいたいと考えて行動している。もし、彼女はクラシック音楽が好きなのにロックミュージックを聞かせてしまうなど、会話や行動が少しも嚙み合わないなと感じられるようなら、「彼女に～してあげるオレってカッコいい」と、自分に酔っていることも多い。それに対する彼女の評価が足りないと彼は感じているかもしれない。

逆に「女の子には～するべき、～しなくちゃだろうな……」と考えて行動している男性は、努めてニコニコ笑顔、もしくは退屈顔になっているケースが多い。

そういう彼は、自分を気にしてほしい甘えん坊タイプで、リーダーシップは期待できない。

ただし、仕事のサポート役になってもらうには、最適かもしれない。面白味はないけれど、真面目なのは確かで、かわいげがあるとも言える。相手に対して自分はどうあるべきかを考えて、女性のペースに合わせることは得意なのだ。

そして、ふたりの関係がうまくいった場合は、彼もリラックスできるようになり、真面目で従順な男性としてつきあっていけるだろう。

いつも敬語で話す――そこに「笑顔」があるかどうかで……

男性は人づきあいにおいて、女性よりも上下関係を気にする。相手に対してどんな言葉づかいをするかで、相手をどうとらえているのか、どんな関係でありたいのかがわかる。

女性に対して折り目正しい敬語を使う男性は多いが、そこに笑顔がともなっているかどうかで意味合いがかなり違う。

笑顔のともなう穏やかな敬語を使う男性は、女性を敬う気持ちを持っており、この人の前ではきちんと振る舞いたいと思っている。一般にきちんと敬語を使える人は、他人に感謝する気持ちを持ち合わせており、人を思いやることのできる人だ。相手が明らかに年下だとわかっていても、相手を尊重してコミュニケーションがとれる。

こうした男性は打ち解けてくると、場の空気を読んで相手に心地よく、言葉遣いも適度にくだけた感じになり、笑いをとる柔軟性も持ち合わせている。TPOをきちんとわきまえて、遠すぎず近すぎない絶妙の距離感を保った大人の会話が楽しめるタイプだ。

一方、笑顔がともなわずに敬語を使う人は警戒心が強く、自分の領域に立ち入ってほしくない、自分も他人の領域には踏み込みたくないと思っている。自他をはっきり分けるための敬語なのだ。

こういった男性はプライドが高く、女性の側から親しみを見せても、なかなか心を開いてくれないことが多い。根気よく相談事を持ちかけるうちに、ふと笑顔を見せてくれるかもしれないので、時間をかけてじっくり信頼関係を深めていきたい。

また、年上にも年下にも同じように敬語を使わない男性もいる。

たとえばレストランで、自分の親ほども歳の離れた店員に「タバコ吸う席、空いてる?」と言ったりする。答えがはっきりしないと「空いてるのかって聞いてるんだよ」とダメ押しの一言。見かねた彼女に「敬語ぐらい使いなさいよ」と諫《いさ》められると逆ギレし、今度はふたりのケンカが始まったりする。

彼の言動は確かに無礼だが、彼はこのとき「彼女の前だから、自分を大きく強く見せたい」と思い、背伸びしたのだ。そこをなじられたものだから、プライドを傷つけられて怒ったのである。長い目で見ると、いつも卑屈に「すみません」と言っている男性よりも、女性をリードしてくれる存在になるとも考えられる。

相手に対してズバズバとストレートに、見下すような言い方をする人は、その言動に反して、意外に繊細な心の持ち主だ。ズバズバ言うのは反撃を避けるためで、実はデリケートで傷つきやすい。特に女性には反撃されたくない、傷つけられたくないという気持ちが強い。

こうしたタイプの男性は、心を許していいと判断した女性の前では、一変して甘えん坊と化す。

男性というのは、生まれたときからデリケートにできている。だからこそプライドを高く持ち、人前でカッコつけたり、警戒心のあまり粗暴な振る舞いに走ったりするものだと言える。

キーワードをオウム返しする人――彼とのケンカには注意！

「さっきサッカー観てきた帰りなんですよ」

「ほお、サッカーですか？」

「そう、息子が出ていてね」

「すごい！　息子さんが？」

こんな具合に相手の言葉を上手にオウム返しにするのは、接客における基本話法。お客さまに気持ちよく話してもらい、会話の中からお客さまの好みや魅力を引き出すために必要なスキルだ。

普段の会話の中で、こうしたオウム返しを自然にできる男性もいる。常に平常心で、相手のことを思いやることができる上に、統率力にも優れており、スムーズな人間関係を築くことができる人と言える。

また、女性にもマメで、かゆいところに手の届く気配りができ、ごく自然に恋愛関係を築くことができる。一緒にいて非常に心地よい。本人は無意識に、誰にでも分け隔てなくやさしいので、きっとライバルは多いだろう。

こうした男性は、つきあいがうまくいっている間は非常に楽しく過ごせる。女性に足並みを揃えてくれるし、何でも受け入れてくれるからだ。

しかし、別れ際が難しい。お互いに納得して穏やかに別れられるならよいが、ケンカ別れになった場合、女性は圧倒的に分が悪くなる。彼はオウム返し話法で、きっと女性のほうから別れ話を切り出すように上手に誘導するだろう。たとえ修復しようとしても、結果として、女性の側が原因を作り出したような形になり、修復不可能となることが多い。

目を真っ直ぐ見てあいさつする——相当な自信家

あいさつをするときは相手の目を見るのが基本だが、実際にはその加減が難しい。射すくめるように強い視線で見つめる人は、目の前にいる相手を自分の支配下に置き、コントロールしたがっている。物腰は紳士的で、相手の話をよく聞くタイプだが、視線だけで主導権を握る人と言える。何か特定の分野を極めており、自分に自信があるタイプだ。

全般的に、目を真っ直ぐ見てあいさつのできる人は、自分に自信があり、一本筋の通った考えを持っている。他人の言動に動じたり、心が揺らいだりすることは少ない。真っ直ぐな視線は、相手をもっと知りたいという興味の表われでもある。リードされたい女性には、こういった力強い視線を持つ男性がお勧めだ。主導権を握り、グイグイと引っ張っていってくれるだろう。

生返事ばかり——自己中心的な一匹狼タイプ

何を聞いても「ああ」「ウン」「そうだね」といった、気のない返事ばかり。こういう人は自己中心的。人に縛られるのは苦手で、自分で計画を立ててひとりで実行するタイプだ。

こうした男性は、女性とのつきあいに慣れていない可能性が高い。はっきり断ることができないため、その場を切り抜ける最大限のセリフが「ああ」「ウン」なのだ。

また、これとは反対に、女性とのつきあいには辟易《へきえき》していて、うやむやにしている場合もある。

たいてい仕事に追われているが、仕事を大切にしているというより、仕事を断ることができないからという場合も多い。いつ仕事が終わるかわからないため、デートの約束をするのは苦手だったりする。

こういう男性が彼氏だと、ふたりの関係はなかなか進行しない。状況を打破するためには、彼の得意分野を活かしたデートを提案してもらおう。「いつか行こう」であっても前向きに約束してくれたなら、望みはある。もし「仕事が忙しくて」という返事なら、残念ながら彼は変わる見込みが少ないと思ったほうがいい。

「昔は……」がログセ――過去の恋愛を引きずりがち

中学時代や高校時代、あるいは若かりし青春時代など、かつて自分が活躍した逸話をいつまでも忘れられない男性は少なくない。しかし、過去の栄光にばかりすがり、現在をポジティブにとらえられない男性には注意が必要だ。

過去の栄光を誇るのは、現在の自分に対する自信のなさの表われだ。その栄光の時代がなぜ終わってしまったのかを聞いてみると、その人の現在に対するスタンスも見えてくる。「なんでそんなに昔に戻りたいの?」と聞いて、笑顔が見られないようなら、今の自分をよほどネガティブにとらえている。

たとえば「昔はスリムだったのに、太っちゃって」であっても、笑って話せる人とそうでない人とでは、根底にある意識は正反対だ。笑顔で話せる人なら、過去の栄光を誇るとともに、それをエネルギーにして今も向上したいと思っている、ポジティブな考え方ができる人。しかも、一度挫折を味わった彼なら、他人の痛みもわかるようになっているはずだ。受け入れられる価値観の幅も広がって、「大人」に成長しているだろう。

一方、笑顔のないネガティブなタイプの人は、現在の自分によほど自信がないのだろう。そばにいるあなたが今の彼をより理解し、「こんなところが○○だからすごいなあと思っているよ」と、彼の自信を取り戻せるようにしてあげよう。

いずれの場合も、「昔は~」が口グセの男性は、過去の恋愛をいつまでも引きずるタイプだ。それでもあなたの言動によっては、ポジティブに考えられるようになるかもしれない。

「ウチの〜」がログセ——「みんな仲間」意識が強い

自分が身内だと認めた人を「ウチの〜」と表現する男性は、身内意識や仲間意識が強い人。面倒見がよく、情が深い人が多い。

しかし自分を慕ってくる身内には面倒見がよくても、身内以外には極端に冷たい態度をとってしまうことがある。身内とそれ以外の境界線をいつも強く意識している。

そんな人があなたと話しているとき、笑顔で「ウチの〜が」という言い方をしたとしたら、あなたを身内に入れたがっているのかもしれない。心を許した人にしかこの言い方はしないからだ。身内のことを話したがり、あなたに「どう思う?」と意見を求めるようなら、相当脈ありと言える。

しかし、同じセリフをピシャリと真顔で言われた場合には、あなたとの間に境界線を引きたいと思っている。

ただし、いったん「ウチ」に入れられてしまうと、なかなか外に出してもらえない。彼が思っているのと同じくらい、メンバーにも自分を思ってほしいのだ。彼が「ウチ」のメンバーを束縛しようとするのは、メンバーに依存し、自立しきれていない不安感の表われでもある。「ウチ」があって、初めて彼の自尊心が保たれているのであり、身内や仲間は彼の存在証明でもある。

彼は仲間意識や情の深さを「ウチ」のメンバーにも求めがち。知らない人と「ウチ」のメンバーが仲良くしているとジェラシーが生まれ、機嫌を損ねてしまう。こうした人は人間関係でも変化を好まない。いつまでも変わらずにいてくれることが最大の美徳となるのだ。

「ウチ」のメンバーの成長や環境の変化に直面しては寂しい思いをし、ますますメンバーに依存したがる。そんな彼には、メンバーの成長を遠くから静かに見守る絆の深さこそ、人情であり愛情であることを教えてあげるといいだろう。

「疲れた」が口グセ――そんな自分にうっとり!?

いつも「ああ疲れた」「ずっと寝てないんだよ」と口に出すのは、自分を評価してほしいという意識の表われだ。自分の頑張りを誰かに見てほしい。そして、「大変だねえ」「偉いねえ」など、自分の集中力や頑張りに対するほめ言葉をかけられると、気が休まる。

同じ「ああ疲れた」でも、笑顔がともなっているかどうかで、心の底にある意識がわかる。笑顔がともなっているのなら、本当に仕事がハードで疲れているのだろう。こういう人はいつもギリギリの状態で働いているため、ハプニングにも強い。

真顔で言うのは、プライドの高い人である場合が多い。「オレは皆とは違うステージにいる。心底疲れるような責任の重い仕事をしているのだ」ということを、アピールしているのだ。

人からの尊敬心を仰ぎたいことから、評価されたい、認めてほしいと願っている。ぜひ前述のように言葉をかけてあげたい。ほめられると伸びるタイプかもしれない。

「本当?」と「ウソ!?」——相づちの意味は?

会話の中で何かというと「本当?」と聞き返してくる男性は、本当に話を聞いているかどうか疑わしい。特に彼の守備範囲外の話をしている場合は、「あ、そう」という相づちとほとんど同じ意味とも言える。

「本当？」は、聞く耳を持ち、何でも受け入れられる自分をアピールし、相手よりも優位に立ちたいという意識の表われ。精一杯、一番いいリアクションをしているつもりなのである。

一方、若い男性に多いのは「ウソ!?」である。これは「え、すごい！」という意味であり、興味津々、さらに面白い話を期待している気持ちの表われだ。直感に優れていて好奇心旺盛。子どものような素直さを持ち合わせているお調子者タイプが多く、人から聞いた話を、まるで自分の話のように思い込んで話してしまう傾向もある。

「キレイだね！」と「キレイだよね？」――言いきるとき、意見を求めるとき

やたらと人をほめる人は、ほめるポイントを見つける観察眼に優れている。実に細かいところまで人間を観察し、長所はもちろん、欠点も見抜くことができる。

ただし、同じほめるにしても、言い方によって真意が異なる。

「××さんって本当にキレイだね！」と断言する場合、それは彼の確固たる主張であり、その発言に責任を持っている。

「ねえ、××さんって気が利くと思わない？」と周りに協調と同意を求めるような場合、自分の言葉に責任を持つほどの自信はない。ほめることに不慣れな人とも言える。人をほめられる人というのは、受け止められる幅が広く、寛容な心を持っていると言える。

難解な言葉でしゃべる――学歴、ブランド主義

会話の中でやたらと難しい言葉を使う男性は、知識が一番という確信を抱いている。おそらく子どもの頃から一生懸命勉強して知識を身につけ、評価を受けてきたのだろう。大人になってからは、資格や学歴、ブランドにこだわる傾向がある。

みんなが知らないことを知っているという事実に満足し、自分が一番偉く見えるシチュエーションを常に保っていたいと考えている。

また、女性にも知的であることを求め、難しい言葉を駆使した会話についてきてくれる女性しか相手にしない。

一方で、仕事などで上司からちょっと注意を受けただけで自信を喪失してしまうと

ころもある。極端に笑顔の少ない場合は、素直さや臨機応変さに欠ける。自分の守備範囲外の話には、真顔で相づちを打ち、一見聞いているように見える。理性的でありたいと思っているため、とりあえず聞く耳を持っているように見せかけてはいるが、この相づちは実際は「ノー」と言っているのに等しいと言える。

「ここだけの話だけど」――いつも会話の中心にいたいから……

何かにつけてもったいぶった話し方をするのは、注目してもらいたい、振り向いてもらいたいと、自分に注意を払ってほしいという気持ちの表われだ。「ここだけの話」や「秘密」が大好きで、それによって自分が話題の中心に躍り出たいと考えている。「自分しか知らない」話をして、周囲の気を引きたいのである。

一般に寂しがり屋だが、その気持ちを素直に表に出すことができず、たいして忙しくもないのに「忙しくて」と言って注目を集めようとする場合もある。本当はもっと強引に誘ってほしいのだが、いつもそんな調子のため誘いがかからなくなり、さらに寂しい思いをすることになる。プライドが高く、自分から出向くことをしないのが特徴である。

自分に自信がないため、手に職をつけたり、資格をとったりしたがるのもこのタイプ。そして、その実力を披露できるシチュエーションをいつも求めている。たとえば料理を勉強するのは、キャンプなどみんなのいる場で活躍したい、披露したいという思いから。本当はみんなの中心にいたいが、自分からはなかなか誘うことができず、せっかく勉強した料理の知識も宝の持ち腐れになってしまうことも多い。

こうしたタイプの男性からしばらく連絡がないと思ったら、本当は「連絡をして」という意思表示だと思ったほうがよい。

実際腹を割って話してみると、心の温かい思いやりのある人で、やさしく、世話好きなのがわかるだろう。いつも人恋しい人は、相手を思うことができるものである。

4章 グッズ編

「持ち物」への
こだわりでわかる、
彼の生き方

「男の持ち物、チェックしてみてください」

バッグ――彼の心を映す鏡

バッグやその中身には、持ち主の心の状態がよく表われる。

値段の安いカジュアルなバッグを持っている人は、何かにつけてこだわりがなく、自らを飾ることをせず、女性に対しても多くを望まない。**逆に高価なバッグを大切そうに持っている人は、**理想が高く、カッコいい高貴な自分を演出したいと思っている。女性の好みも同様に、エレガントな女性を好む。

頑丈なバッグを持っている人は、自分の意見を持った芯のある女性を好み、また好みのタイプがかなり固まっている。逆に、**華奢なバッグを持っている人は**神経質で、おとなしく可憐な感じの女性に魅かれる傾向がある。

トートバッグのような中身がたくさん入るバッグにあれこれ詰め込んでいる人は、

興味の範囲が広く、色々な思いをいつも抱えている人だ。きっちりした計画性がない代わりに、人の計画に乗って楽しめる柔軟性がある。あまり自分が確立されていないので、リーダーシップはとらないが許容範囲は広い。

また、バッグの大きさは自意識の強さと不安の大きさに比例する。

大きなバッグを持つ人は、人前ではいつも同じイメージを保っていたいという意識を強く持っている。自分の「部品」が詰まったバッグを肌身離さず身につけていないと、まるで裸にされたような気になるため、自分をどんなふうに見せたいのか、あるべきイメージを形づくるのに必要な小道具はすべて持ち歩く。概して真面目な男性が多く、ちょっと背伸びしているところもある。

小さなバッグを持つ男性は、予定をしっかり立てて、必要な持ち物をコンパクトにまとめる。行動的で、ひとつのことに集中できる。デートにも積極的で、女性には一途に尽くすタイプだ。

また、**バッグを持たないという男性**もいる。ポケットに入る程度のものしか持たないこのタイプの男性は、フットワークが軽くリーダーシップがとれ、どんな状況にも臨機応変に身ひとつで立ち向かっていける。ただし、気分にムラがあり、「足りないものは他の人に借りればいい」と人に頼りがちな依存心の高いところもある。

バッグをTPOに合わせて使い分けている男性もいる。どのバッグも、たいてい小ぎれいである。女性に対する扱いがうまいが、移り気で、人間関係も器用に使い分けるため、浮気が心配だ。マメに気配りでき、場に合わせて気持ちを切り替えられる人も多い。

同じバッグをいつまでも使っている人は、あまり外見には頓着しない。女性に対しては少々がさつなところもあるが、趣味や勉強、仕事に没頭する。常に平常心でいることが多く、器用さもマメさも群を抜くことはないが、ひとたびつきあえばナチュラルな関係で長くつきあえるだろう。

靴を見るだけで……

よく言われるように「オシャレは足元から」。靴に気が配れる人は、他の部分にも気配りができる。

コートなど、よく目立つ上着にお金をかける人は、見かけを大切にする人が多く、下着にこだわる人は、セックスのパートナーの好みに合わせるタイプ。

そして靴にこだわる人は、上着にも下着にも気を配った上で、さらに靴にお金をかけている。

上司が履《は》いている靴を一度よく観察してみよう。

靴にお金をかけている上司は、部下のことをよく見ており、面倒見がいい。

必ずしも経済的にゆとりがあるというわけではないが、自分であれ部下であれ、今はここに費やすべきだと判断すれば、投資は惜しまないのだ。

最終的には、大きな仕事を成し遂げられるだろう。

また、靴までオシャレな人は、ものを大事にする。普段の手入れがいいのはもちろん、靴底などのメンテナンスも欠かさないため、もの持ちがいい。

こういう人は仕事の段取りもいいし、きちんと生活設計ができる。

一方、靴に無頓着な人は、たいてい洋服にもこだわりがない。ファッションに気を使わない分、そのエネルギーを他の部分に費やしている。勉強や仕事にコツコツ真面目に取り組む人が多いようだ。心の中に何か太い柱を持っている人と言える。

⌘メガネ——彼がなりたい「自分」って？

メガネひとつで、顔だけでなく、全体の印象がガラリと変わる。メガネをかけることで、まったく別の人間にも変身できる。プロレスラーの「マスク」のようなものだ。

また、どんなメガネをかけるかにも、その人の心の内が表われる。

縁なしのメガネを選ぶ人は、なるべく自分の顔の印象を変えたくないと思っている。メガネ歴が長く、メガネをかけていることにコンプレックスを持っている人も多い。

今やメガネはTシャツ感覚でかけ替えられる。にもかかわらず昔ながらの**黒縁や銀縁のメガネをかけている人**は、メガネをあくまで「よく見るための道具」として使っている。自らしっかりした価値観を持っている人が多い。

色々なメガネをかけ替える人は、自己顕示欲が強い。個性を表現するためにメガネを使い、メガネによって異なった自分を演出しようとする。

目が悪くもないのに伊達メガネをかける人は、素の自分に満足していない。「インテリに見られたい」「オシャレに見られたい」という高い理想像を抱き、虚像を作って、変身願望を満たそうとする。人目を非常に意識し、結局は自分のことが一番好きだったりする。

サングラスをかけている人はシャイである。他人からの刺すような視線を和らげたいし、世間のことも裸眼では見たくない。外界と自分との間にワンクッション置くことによって、見たくないものは見ずに済ませたいという繊細で傷つきやすい人が多い。

ライター──100円ライターかジッポーかで見える、彼の恋愛傾向

タバコを吸う人が使うライターは、大きく「100円ライター」か高価な「ジッポー」かに分けられる。

100円ライターはとにかく安くて手軽。たとえどこかに置き忘れても、落としても、誰かにあげてしまっても、たいした問題ではない。

100円ライターを愛用している人は、持ち物に対して強いこだわりがないのと同様、女性に対しても〝○○でなくてはダメだ〟などという強いこだわりはない。守備範囲は広いが、自らは奇をてらったりせず、女性に個性的であることをさほど求めない。

特に、100円ライターをいくつも持っていて、コロコロ持ち替える男性は、恋愛においても一途な人は少なく、飽きっぽかったりする。マメな気配りは少々苦手で、大雑把だ。細かいことにこだわらない分、マイペースな人が多い。

ただし、同じ100円ライターをガスが完全になくなるまで丁寧に使っている人は、少々異なる。ものを大切にするという点では感心するが、とびきりのケチも多く、他人のためにあまりお金を使わないタイプだ。

こんな彼とつきあうと、オレのものはオレのもの、君のものもオレのものと、彼女の着ていないTシャツや使っていないパソコンを、貸してとねだって返さないという場合もある。デートは割り勘かと思いきや、おつりはちゃっかり彼のサイフの中、というケースも少なくない。

逆に、結婚後、女性が働き、男性が家事をするというスタイルを望む人には最適な相手であるとも言えるし、一度つきあった女性とは長続きするタイプだ。

また、スナックなどでもらったライターを部屋に無造作に置いておく男性は、基本的に女性に対するデリカシーに欠けている。しかし、行動を飾らないし、ウソをつかない、わかりやすいタイプとも言える。「はじめはやさしかったのに……」とか「行かないで！」などと注意すると、かえって自由を求め「仕事のつきあいだから」などと理由をつけて派手に遊びに出かけるようになるだろう。「男性は外でのつきあいが大変ね。お疲れさま」と笑顔で寛大に受け止めることで、逆に外への関心が薄れていく。

一方、ジッポーはこだわりを持つ男のライター。単にタバコに火をつける道具ではあるが、数千円、時には数万円を投資し、使い続けるためには、石や替え芯、オイルなど、メンテナンスに手間をかけなければならない。

ジッポーを使い続けるために必要なマメさは、恋愛にも発揮される。ジッポー愛用者は、ひとりの女性を一筋に思う傾向が強い。自分のオリジナリティや見る目を信じたいという強い思いがあるからだ。女性にとっては、マメに連絡をくれて、心地よい恋愛ができるだろう。

また、ジッポー愛用者は、女性の好みにも独自の強いこだわりを持っており、個性的な人が多い。求める理想は高く、守備範囲は狭く、そして揺るぎない。

そして、その一途さゆえ、一番最初につきあった女性が忘れられないという男性も少なくない。もし、名前入りのジッポライターを大切に使っていたとしたら、昔の彼女からのプレゼントかもしれない。好きな女性の理想をいつまでも曲げられず、何年も引きずってしまうのだ。

ただし、本命は大切にしつつ、新たな恋愛開拓にいそしむ人もいる。そして新たな相手に対してもマメだったりするから、要注意だ。

こういうタイプの男性は、デートの曜日が決まっていて、それ以外は約束しないと会えなかったりする。彼にとって〝浮気〟という概念はなく、どちらも〝本気〟でつきあえる器用さを兼ね備えている。マメな部分が功を奏し、どちらの女性も傷つけることなく、自分好みの女性探しを永遠に続けるところがある。

また、この人が本命だと決めたらとことん尽くし、愛情を注ぐ。愛しているだけに相手を束縛したがる男性もいる。ジッポーを体の一部のごとくいつも手放さないように、女性を縛りたがるのだ。

一途さに欠ける100円ライター愛用者に対して、「この人は私のことだけを見ていてくれるかどうか」を試すには、ジッポーをプレゼントするのがお勧めだ。

彼女からのプレゼントであるジッポーをきちんとメンテナンスして使い続けられる男性ならば、大いに希望はある。途中で面倒くさくなってしまうようならば、きっとあなたも同じような扱いを受けると考えたほうがいい。せつない話だが、あなたよりも大切な人、あるいはものや趣味などが他にあるかもしれない。

サイフ——中身を見なくてもわかる「金銭感覚」

布製やナイロン製のカジュアルなサイフを使っているのは若い人に多いが、大人になっても使っているとしたら、遊び心があってラフな感じの人だ。人づきあいはよく、どんな環境にでも柔軟に適応できる。ただし、サイフの見た目そのままに、あまりお金は持ち合わせていない、その日暮らしの生活をしている人も多い。それどころか、自分の分をわきまえずにいろいろな趣味に手を出し、無計画にカードローンを組んでしまいがちなのもこのタイプだ。

革製のサイフを何年も使い込んでいる人は、何かにつけて強いこだわりを持っており、頑固なタイプだ。自分独自の世界を大切にし、プライドが高く、堅実で貯金を残すタイプでもある。レザーで特注のサイフを作ったりする人は、自分の世界に誇りを持つ頑固者が多い。リザードやクロコダイルなどのサイフを持つ人は、主張が首尾一貫している。価値観と理想像が確立していて、ひとたびつきあえば女性を大切にするだろう。

ただし、サイフだけは数万円もするような革製のブランドものなのに、中身はいつも数千円という人は少々危険だ。ブランドものの中でもっとも手軽に買えるのはサイフだからと、背伸びして買い、それがエスカレートしてカードローンなどにハマってしまう可能性もある。生活環境と靴や服、サイフの値段のバランスがとれていれば大丈夫だろう。

二つ折りのサイフを持っている人は、一般に几帳面で計画性がある。お札に折れ目をつけず、しかも向きを揃えて、札の種類ごとにきちんと分けて入れている人は、どんぶり勘定はせず、自分の分をわきまえて、きちんと貯金は残す。どうやら、お札を大切に扱うと、お金もちゃんと入ってくるようだ。

男性の中には**サイフを持たない人**もいる。男ならではのワイルドなスタイルだ。よく言えば大らかで、細かいことにこだわらない。悪く言えば、繊細さに欠けて無計画だ。友だちから平気で借金をしてしまうタイプでもある。サイフを持たない男性が、カードを持つようになってどんなサイフを選ぶかで、彼の将来像が見えてくるとも言える。

同じサイフなしでも、オシャレゆえに持たない男性もいる。たとえば、ジーンズの後ろのポケットにサイフを入れると、その部分だけ色落ちするという理由からだ。

ラフな格好が好きだけれども実は几帳面、という男性は、マネークリップを使っている。男らしく振る舞いたいという理想はあるが、几帳面ゆえに完全にラフにはなりきれないでいると言える。

ちなみに、サイフの中のカードの種類も、その人の生活環境や社会的な立場をよく表わしている。一般的なカード会社のクレジットカードがあれば、それなりの社会的な身分がある人だとわかるし、審査なしで簡単に作れる消費者金融系のカードしかなければ金銭感覚に問題アリだ。ただし、金銭感覚がしっかりしていても単にカードが嫌いだから持っていないという人もいる。

また、サイフの中に、お札や風水カードといった類の「お守り」を入れている人も意外に多い。人任せ、他力本願、問題を直視せず先送りにしがち、といったタイプではあるが、反面、素直でかわいく、憎めないところもある。

帽子をかぶる理由――オシャレから? ズボラだから?

帽子はそれひとつで雰囲気を作ることのできる、オシャレに欠かすことのできないアイテムだ。

帽子をかぶる理由は大きく二つに分けられる。

ひとつはオシャレに関心が高いから。もうひとつは、ズボラだからという場合だ。寝起きのぐちゃぐちゃの髪でも、ニット帽をかぶって出かけてしまえば、ヘアスタイルを気にせずに済む。ジーンズと組み合わせれば、それなりにオシャレに見える。

こうした男性は、女性に対しても自然体、カジュアルにラフにつきあう。デートは部屋でゴロゴロして過ごすことが多い。だからといって彼女に尽くすかといえば、そうでもない。興味の範囲が広く、スノボやクラブ通いなど、遊びにも忙しかったりする。気の向くままに恋愛対象も変わっていきがちだ。

一方、オシャレ系は、確固とした自分のイメージを変えたくないと思っている。帽子はオシャレな自分を演出するための必須アイテムなのだ。

今流行のハンチング帽などは、カッチリ系カジュアルの定番。一種独特の雰囲気ができ上がる。無意識であっても「私はオシャレなジャンルの人間です。それを理解した上でつきあって」という一種のバリアを張り、相手からの接触を受け身の姿勢で待っている。

いずれの場合も、帽子を愛用している人は、今の自分をよりよく見せたいと常に考え、本当に理解し合える人にしか等身大の自分を見せない。また、サングラスやヒゲのように、体の一部を隠すことによって自分をアピールする、恥ずかしがり屋のアイテムとも言えるだろう。ただし、ニット帽愛用者の中には、活動的で積極的にリーダーシップをとるアクティブな男性もいる。

家庭の様子が見える「ハンカチ」

男性は意外とハンカチを持っていないものだ。トイレに行って手を洗っても、髪やジーンズでパパッと拭いてしまう人も少なくない。

なので、欠かさずハンカチを持っている男性は清潔好き、きちんとしている、デリケートな心の持ち主である他、潔癖性だったり完全主義者だったりもする。中には過敏性、強迫性という場合もある。

ハンカチは、心理的に自分の身を守るツールのひとつだ。ハンカチを持つ男性は自分のテリトリーを明確にし、自分の守備範囲の内と外を分けたがる。他人には簡単に心を開かず、未知の領域にチャレンジすることを好まない。

既婚者の場合は、奥さんがハンカチを用意することが多い。しっかりアイロンがかけられていたら、奥さんから大切にされており、家庭がうまくいっている証拠と言える。家族を大切にするマイホームパパである可能性も高い。人づきあいにおいては、他人の言葉に耳を傾けることのできる聞き上手だ。

一見威圧的に見える上司でも、相談事を持ちかけてじっくり指導を仰ぐと、意外に親身になってくれ、相当面倒見がよかったりする。

逆に会社でもやさしく、ハンカチもキレイなら、裏表のない人だと言える。

ハンカチを持たない男性は一般に物事をラフに考え、よく言えば大らかで、細かいことには頓着しない。他人からの評価はあまり気にせず、他人の前でも取り繕ったりしない自然体の男性だ。

幼い頃はハンカチは母親が持たせてくれた人が多いはずだが、昔からハンカチを持たない男性は、そういった経験が少ないのかもしれない。料理を作ってあげるなど、家庭的な雰囲気で包んであげると喜んでくれるだろう。

たとえば一緒に食事をしたとき、テーブルをサッと拭いたり、水を注いであげたりしてみよう。当たり前というような顔をしていたら、女性が家庭的な雰囲気を持っているのは当たり前と思っている男性だ。パッと嬉しそうな表情を見せたなら、女性に家庭的な振る舞いを期待していると言える。

香水の変化は、女性関係の変化？

香水は強烈な個性のアピールになる。また、香りを漂わせることで、自分のプライベートゾーンを主張している人もいる。

香水をつける男性は一般に美意識が高く、はっきりした理想像を抱いている。自分を今以上によく見せたいと思っており、香水を通じてそのイメージを実現しようとする。キレイになりたい、カッコよくなりたいという思いが強い。

自分で香水を選ぶ男性は少なく、女性からプレゼントされて目覚めたという人が多いようだ。そういった意味で、香水をつけている男性は女性との接点が多い、もしくは女性と接点を持ちたいという願望の表われと言える。

女性に香水選びを任せるのは、彼女への敬意の表われであり、彼女の好みに歩み寄りたいという姿勢である。はっきりした自分を持ってない場合もある。

そういう男性は、彼女が替わると、香水も替える。ネクタイから香る香水が替わったとしたら、人間関係、特に女性との関係に何か変化があったと察せられる。

また、自分の体臭を気にして香水をつける人もいる。神経質で、周囲の目をいつも気にしているタイプだ。他人に、特に女性に批判されると、自分を全否定された気になってしまう弱さを持っている。

特に女性の影もないのに香水をコロコロ替える人は、好奇心旺盛で、女性に対しても目移りしやすい。その時どきで好みがはっきりしていて、それ以外のタイプは受けつけないため、なかなか彼女ができない。かなり女性的な面も持ち合わせており、女性的な派手なファッションで身を飾ることもある。

香水をつけない男性は、ありのまま、自然体でありたいという人だ。あの匂いがイヤだという人もいるし、「男が香水なんて」という考えの持ち主もいる。女性の香水の匂いもイヤだという人もいる。神経質で頑固な一面を持ち合わせており、控えめでおとなしくて清潔感のある女性を好む人が多い。

ビニール傘と上質の傘――女性とのつきあい方が表われる

「傘なんて持ち歩くのは面倒。必要なときには買えばいい」と思うのか、特にお金に困っているわけでもないのにビニール傘しか持っていないという男性は、現実的で仕事に追われた生活になりがちだ。「あ、たんぽぽ！」といったような身の回りの小さな幸せに気づく心のゆとりがない。柔軟性はあるが大雑把で、何でもどんぶり勘定。天気予報は気にせず、梅雨時でも傘を持たないため、毎度ビニール傘の世話になる。傘に限ったことでなく、全般的に「安物買いの銭失い」の傾向がある。

一方、**上質の傘を大切に使い続けている人**は、女性に対しても誠実で、ひとりの相手を大切にすることができる。

上質の傘は修理も利くので、かえって経済的。修理しながら長年大切に使える人は、経済観念が備わっている。ただし、ブランドの傘をいくつも持っている人は、浪費家の可能性がある。

いつもバッグに傘を入れている人は、何ごとも地道にコツコツ積み上げていくタイプで、結婚すれば円満な家庭を築けるだろう。

✤小雨でも傘をさす――サギに遭いやすい性質!?

「酸性雨にあたるとハゲる」という俗説がある。これを非常に気にして、だから雨が降ったら傘は必ずさすという男性がいる。

こういうタイプの人は、自分の身を大切にすることから、長い目で見ると家族や身内を大切にする。

また、こうした説を深く追求せずに信じていることに、彼の素直さが表われている。しかし別の言い方をすれば、だまされやすいということでもある。変なサギ商法にハマってしまわないか心配だ。

一方、小雨程度では傘をささないという男性もいる。細かいことは気にせず、神経が図太くて少々のことでは動じない。あるいは他に神経を使うところがいくらでもあり、雨なんていちいち気にしていない。「酸性雨でハゲる」と聞いてもやすやすとは信じず、その根拠を調べて分析する慎重さを持ち合わせている場合もある。

「なぜ彼は、そのファッションを選んだのか？」

かっちり？　ルーズ？——身だしなみでわかる、彼の好みのタイプ

穴だらけのジーンズにTシャツ、ボサボサの髪、無精ヒゲ。周囲の目をまったく気にしていない出で立ちで、どこにでも現われる男性がいる。

彼は見た目そのままに、計画性はなく、行き当たりばったりの人生を好む。ナチュラルであることがポリシーで、カッコつけることは、彼にとって何よりもカッコ悪い。いつも自分の素を見せ、気合いも入れず、常にオープン。これは単にいい加減というわけではなく、強い自己主張でもある。

こういう男性は女性にも素を求め、流行の服や化粧で飾った姿よりも、人間らしい立ち居振る舞いや内面の輝きを求める。女の子がついオナラをしてしまうような、飾らない居心地のよさが理想だ。したがって、麻や綿の服を好み、ナチュラルに生きている個性的な女性と気が合うことが多い。

ただし、ラフな男性が同じくラフな女性を選ぶとは限らない。実はラフな男性なりに、きちんとした女性に幻想を抱いていたりする。表面上はきちんとした女性でも、それは仮面にすぎず、本当はルーズに、ナチュラルに生きたいと願っているはずだから、その夢を自分がかなえてあげようというわけだ。

こういう男性は何ごとも受け入れる、広い心を持っている。隠し事もしないから、女性もよろいを脱げば、居心地のよい空間を共有できるはずだ。

一方、普段から清潔を心がけているきちんとした男性は、計画性があり、自分のペースで順序どおりに物事を進めたがる。彼が抱く、男としての理想を追い求めており、女性にもきちんとしていることを求めがちだ。居心地のよさよりも、ある程度距離を保ちながら、お互いに高め合えるカップルを理想とする。

こういう男性はラフな女性とは合わない。自らの理想が高いだけに、女性にも絵に描いたようなセンスのよさを求め、その価値観にそぐわない女性にははじめから接近しない。ストライクゾーンも心のキャパも、意外と狭かったりする。

きちんとしていたりルーズだったり、時期によってコロコロ変わる男性もいる。その時どきによって理想像が変わり、ポリシーがほとんどない。主張はするが、考えが二転三転することも多く、流されやすい。同性の友だちなどからの影響をダイレクトに受け、今いる環境に染まりやすい。つきあう女性のタイプもバラバラだ。

しかし、確固とした価値観がない分、許容範囲は広く、どんな人にもいい面を見出し、尊重することができる。頑固さはなく、素直。相手に合わせて七変化できるから、好きになった相手にはとことん尽くす。女性から見れば、主導権を握って「自分色」に染めてしまえるタイプでもある。

ただし、コロコロ変わっていくだけに感情の起伏が激しく、悩みも多い。かといって、とことん悩むわけでも、原因を突き詰めて何とかしようとするわけでもなく、また次の姿へと変貌して、やりすごしてしまうことが多い。

スニーカー――現実逃避のアイテム

スニーカーが好きな人は多い。

ただしここで言うスニーカー好きとは、ジーンズを普段着として着こなし、オシャレのアイテムとしてスニーカーをチョイスしている人ではなく、履かないスニーカーをコレクションしている人＝スニーカーマニアのこと。これが意外と多いのだ。

普段はスーツでキメているビジネスマン。ジーンズをはくシーンは、休みの日くらいだ。なのにスニーカーだけは着々と増えていく。実際に履くわけではなく、半分は「観賞用」だ。

履かないスニーカーは、現実からの「逃げ道」。抑圧された自分から自由になりたい。いつでもどこでも飛び出せるツール。それがスニーカーなのだ。

結婚しても、独身時代の自分をまだまだ追い求めていて、家庭から自由になりたいという思いのはけ口になっている場合もあるだろう。

今の自分は本当の自分じゃない、でも現実には理想を追い求めることはできない。

そんな宙ぶらりんの気持ちをスニーカーに託す。スニーカーからラフなイメージ＝遊び、旅、スポーツなどを想像するのと同様、ジーンズ、おもちゃ、クルマ、バイク、自転車などに夢中になるのも、心理としてはスニーカー好きと同様である。

履かないスニーカーの数、それは「夢」「希望」の数かもしれない。実際には飛ばないけれど、いつでも羽ばたける仮想の翼なのだ。

牛？　豚？　羊？――革の素材が物語る、彼の「上昇志向」

革は「高級品」の代名詞である一方、人間が持つ動物的な本能と切っても切り離せない。太古の時代、他の動物に比べて体も小さく、いかにも弱そうな人間は、動物の毛皮をまとうことで自分を大きく強く見せようとした。

ここぞというデートに革を着て行くのは、自分を一回り大きく見せたいという気持ちの表われだ。そして、革を身につけることができる経済力と着こなすセンスを誇っているのである。

一般には牛革が多いが、さらに質も着心地もよい羊革を着ている人は、何事においいても高級嗜好であることを表わしている。女性の好みも同様に相当なこだわりがあり、才色兼備の女性を理想とする。

同じ革でも、豚革はややレベルが下がる。見た目には牛革に見えることから、少々見栄張りタイプとも言える。洋服にはあまりお金をかけられないが、自分をもっと高めたい、カッコよくなりたいという願望は持っている。そして、「いつかは羊」というわけだ。クルマなどでも「いつかは高級車」という男性が多いが、身につけている洋服にステータスを見出した男性は、女性のオシャレにも深い関心がある。

毛皮好きの男性は最大級の自己顕示欲の持ち主である。すっぽり身を包んで好みの姿に変身することができるところに、心地よさを見出しているのだろう。

男のピアス——世の中への不満と変身願望の表われ

男性がピアスをつけるのは、今の自分に対する不満や、変わりたいという強い意識の表われであることが多い。女性は、ピアスの穴を開けると恋人ができるという迷信から実行する人も多いが、男性は「ピアス＝自由」といった幻想に近い憧れを抱いている。何を変えたいのかも定かではなく、漠然と社会に対して不満を抱いている場合もある。ピアスの穴は非常に小さなものだが、それを開けるだけで、人生が一八〇度変わったような鮮烈な感じを受けるようだ。

ピアスという小道具でここまで変われるのは、何ごとにおいてもカタチから入るからだ。また、自分の選択眼に惚れ込んでおり、女性にも夢や自由といった自分と同じ価値観を共有することを求めがちである。

マフラー好きの男性は、ストール好き女性を好む?

マフラーを巻いた姿が堂に入っている男性は、女性との接点が多い可能性が高い。女性のマフラー姿に憧れてそれを取り入れたり、マフラーを女性からプレゼントされた場合もある。他のファッションへのこだわりも相当だと考えられる。そういう男性は、ストールをエレガントにまとう女性を好んだりする。

カジュアルにマフラーを巻く男性は、個性的なファッションの女性が好き。マフラーをたくさん持っている男性は、女性にも目移りしがちで浮気性であることが多い。

5章

趣味・嗜好編

好きなものでわかる、彼の考え方

「好きな色」でここまで読める！

洋服にせよ持ち物にせよ、どんな色のものを選ぶかに、その人の価値観や性格が大きく表われる。風水が流行してからは、特に色の持つ意味を理解している人も多くなり、どんな色を身につけていれば快適なのか、多くの人が色へのこだわりを持つようになったが、好きな色で彼の性格を知ることができる。

赤――親分肌で情熱的

赤が好きな人は、一般に赤ばかりを着る傾向がある。赤が大好きという男性は、あまり多くないが、情熱的で人情肌でありたいという価値観を表わしている。感情をストレートに熱く語るタイプ、もしくはそんな人になりたいと憧れを抱いている。

ピンク――柔軟性があり、甘えん坊

ピンクは、かつては女性的な色の代表であったが、近頃はファッションもユニセックス化され、いつの間にか男性にも好まれる色になった。男性でサーモンピンクなどの淡いピンク系の色を好む人は、柔軟さ、やさしさ、穏やかさを持ち合わせている。あるいは、そういったイメージを演出したい人だ。「かわいい」「オシャレ」と見られたい甘えん坊タイプも多い。

黄色――人見知りで優柔不断

黄色を好む人は知的創造力に優れ、理想主義者だと言われる。自らを黄色の持つイメージのように明るく演出したいと思っている。いつも新しいことに果敢にチャレンジする柔軟さや、これ！　と決めたことは最後までやり通すバイタリティも持ち合わせている。

ただ、見た目の明るさとは裏腹に、実は人見知りでもの静か、優柔不断なところもあったりする。黄色を選ぶことで、努めて明るくしようと、地道に努力する頑張り屋なのだ。

❧オレンジ――八方美人で、目立ちたがり屋

オレンジ好きは「八方美人」と言われる。明るくて目立ちたがり屋だが、際立った個性があるわけではなく、他人との関係性の中で輝くタイプだ。自らを磨くというより、太陽のようなオレンジ色のものを身につけることでパワーアップし、いつも明るく元気でありたいと思っている、ポジティブ思考の人が多い。

❧茶色――冷静沈着な節約家

アースカラー系の代表である茶色は落ち着いた印象を与える。茶色を好む男性は冷静沈着。また、多くの色に合わせやすく、着回しが効いて経済的なだけあって、真面目で節約家、ワードローブを頭に浮かべて服を買えるしっかり者が多い。

茶色をはじめ、ベージュ系の色は周囲に信頼感を与える。穏やかで包容力があり、人から頼られる存在だ。人から相談事を持ちかけられることが多いが、それが度を超して、おせっかいを焼くタイプになることもある。

緑――チームワークを大切にする、平和主義者

茶色とともにアースカラーの一端を担う緑を選ぶ人は、色のイメージ通り自然体。気負わず、協調性があり、道徳心や忠誠心を大切にし、激しい変化を好まない平和主義者だ。自分から何かを作り出すよりは、他の人が作ったレールの上を走るほうを好む。単独ではなく、チームワークによる成功をこよなく愛す。突出したことを嫌い、平均的であることに居心地のよさを感じる。中でもモスグリーン、アーミーグリーンを好む人はカジュアルで柔軟。また、ナチュラル志向も強いと言える。

黄緑――マイペースで大器晩成型

平和主義者・ナチュラル志向の緑と、創造力の黄色を合わせたのが黄緑。黄緑をポイントに着こなす人は、マイペースだが大器晩成型で、独創的な活躍をするタイプと言える。

青――控えめだが、プライドが高い

青は海や空の色。さわやかな印象を与えるとともに、理想の高さを感じさせる。青が好きな人は几帳面で真面目。頼りになり、頭のいい人も多い。派手さはなくても、平穏で安定した生活を望むところがあり、どちらかというと控えめ、受け身で、人間関係においてもあまり押しが強いほうではない。ひたむきに理想の自分を作り上げていくが、努力している姿は見せたがらないプライドの高さも持っている。

白――素直だが、自信家

白は何色にでも染められる色。決して出しゃばることはなく、素直な男性が好む色だ。純粋で清潔、さわやかな印象を与えるため、お見合いや、婚約時の両親との初顔合わせなどのときに白を選ぶ人は多い。自らのスタイルや本質をPRしたい場合もまた然り。一番控えめな色ではあるが、一番光を反射する色でもあり、基本的に自分に自信がある人が選ぶ色でもある。白を好んで着る男性は、女性にも清潔感を求め、白の似合う女性を好む。

黒――感受性が強く、干渉を嫌う

黒を好む人は「本心を見せない」「二面性がある」などと言われる。確かに閉鎖的で、心にバリアを張っているタイプの人が多いようだ。すべての色を混ぜていくと黒になるように、さまざまな気持ちが複雑に溶け合った自分の内面を覆い隠そうとする。自分だけの領域をしっかり確保し、他人に必要以上に干渉されるのを嫌う。感受性が強く、観察力があり、さまざまな考えを内に秘めているタイプが多い。一方で黒は落ち着いた、何にでも合う色。堅実で冷静な人が選ぶ色でもある。

グレー――温和な世渡り上手

グレーの服を身につけていると、いかにも地味でもの静かなイメージになる。実際、温和で、どちらかというと目立ちたくないという人が好む傾向がある。よく言えば柔和で、人間関係をそつなくこなすことができるタイプ。家でくつろぐファッションの代表であるスウェットにグレーが多いのは、リラックスした気持ちにぴったりの、安心できるカラーだからだ。この色を選ぶ人は、白黒はっきりさせず、平和で穏便、意見を主張するより聞き役に回れるタイプと言える。

紫――優れたセンスと鋭い観察力

紫というのは個性の強い、難しい色だ。それをあえて選び、ステキに着こなしている男性は、それなりのセンスと自信を持ち合わせていると言える。情熱を表わす赤と、落ち着きを表わす青。両方の面を併わせ持った色であり、その紫の色味が赤寄り、青寄りのどちらに近いかで、その人の志向も異なる。

いずれにせよ、ひとクセありそうではあるが、オリジナリティを大切にし、美的センスに富み観察力も鋭く、人を見る目に長けている人が多い。電車の中で人間ウォッチングを楽しんだり、自分の趣味の追求に余念がない。

「女性の好み」でここまで読める！

キレイな女性は苦手――過去のトラウマが原因

男性は誰もが、キレイだったりカワイかったりする女の子に魅かれるかと言えば、そうでもない。「キレイなのはダメ」「スタイルなんて別にどうでもいい」と言ってのける男性もいる。こうした男性の中には、かつてキレイ&カワイイ女性を追い求めて、痛い目に遭った経験者も少なくない。

キレイな子、カワイイ子は皆の視線を集め、自然とみんなに愛され、アイドル的な存在となるため、笑顔も愛想もよく、誰にでもやさしく振る舞うことも多い。

男性の中には、その笑顔を自分だけに向けられたものと勘違いし、「オレもいけるかも」とアタック、あえなく玉砕する人もいる。「容姿だけを見られるのはもうウンザリ。中身を見てほしい」という彼女の本心に気づかなかったのが敗因だろう。

そして、プライドが高くナーバスな男性ほど、過去のキズを引きずって「美人は冷たくて」と負け惜しみの感傷に浸るのだ。

一方、失敗から学習して、新たな境地に達する男性もいる。

単に「美人はダメ」ではなく、「ちょっとぽっちゃりしているほうが、温かみが感じられるから好きなんだ」と、ポジティブに自分の好みを語れるようになるのだ。

好みのタイプを問われて、その理由を「なぜなら○○だから」とポジティブに語ることのできる人は、過去の恋愛体験から学んで一歩成長した男性と言える。

キレイな女性好き——女性は「アクセサリー」の一部!?

キレイな女性が好きだと断言し、果敢にアタックできる男性はかなりの自信家だ。ポジティブ思考で、断られても断られても、いいように解釈してチャレンジを続ける精神力を持ち合わせている。

たとえ「彼氏がいるから」と言われても、「今は彼がいるからダメかもしれないけど、この先はオレを選ぶに違いない」という具合だ。どんな断られ方をしても、へこたれない。

容姿へのこだわりは、その男性の美意識の表われと言える。

キレイな女性をものにしたいという情熱は、自分がカッコよくありたい、またはそう見られたいという理想の高さと比例する。女性をマスコットあるいはキーホルダーのように考えており、自分をより高める道具として女性をとらえているようなところもある。

このように、彼女のことを自分を飾るアクセサリーとしか見ていないタイプがいる一方、彼女の内面もきちんと見つめ、愛してくれる男性も少なくない。いわゆる「美女と野獣」の組み合わせだ。「容姿だけではなく、中身を見てほしい」という美女の心に「野獣」が応えることができた成功例と言える。

グラマー好き？ 華奢好き？――好みでわかる、彼の「性欲」度

どんなにスタイルのよい女性でも、「ああもっと○○だったらなあ」という体型コンプレックスを胸に秘めていたりする。

グラマラスな女性は一般に男性の注目を集めるが、必ずしもすべての男性が肉感的な女性を好むとは限らない。

肉感的な女性を好む男性は一般に、その振る舞いも動物的な欲求に忠実だ。

中には女性と面と向かったとき、胸しか見ていないのではないかと思われるような視線を送る男性もいる。大勢の女性の中からグラマラスな女性だけを選んで話しかける人もいる。

コンビニでHな雑誌を買ったり、ビデオ屋でアダルトビデオを買うのも平気だったりする。男性としての欲求をそのまま素直に表に出してしまうのだ。

我慢ができない代わりに、裏表がないとも言える。屈託なく「オレは巨乳が好きなんだ」と公言してはばからず、風俗店に通っていることも話のネタにしてしまう。笑って済まされればよいが、女性との価値観の違いで離婚にまで至るケースもあるので、彼のそのような価値観を笑って見過ごせる女性でないと、おつきあいは難しいかもしれない。

ただし、こうした肉感派の中にも、現実には女性に縁遠い人もいる。妄想だけが先走り、性的な感情をうまく表現できない人もいるのだ。いわゆる「ムッツリスケベ」としてマニアックな嗜好に走るようになり、衝動的な欲求にかられて痴漢などをしでかす人も中にはいる。

一方、華奢《きゃしゃ》な女性を好む男性は、女性から見て中性的で、「お父さんみたいな人」という印象を受ける。もちろん男性としての性的欲求はあるにはあるが、スイッチの切り替えが可能で、自ら歯止めをかけることができる。

自分で抑制できるのは、一見いいことのように思えるが、その根底には性に関することは「悪いもの」「汚いもの」というタブー意識があり、性に対して悩んでいたり、自信を失ったりしている人が少なくない。幼い頃から少年期にかけて、性に関して傷ついたことが引き金になっているケースも多いが、本人は自覚のない場合もある。しかし性欲がないわけではないので、肉感派とは対照的に、誰にも知られることなく風俗に通ってはハマってしまう人もいる。

一般に、性に貪欲な人は外向的でポジティブ、仕事もできると言って過言ではない。逆に性から目を背けている中性的な男性は、結婚して時間がたつと夫婦生活自体が先細りになっていく傾向がある。

肉感派の男性は、性を楽しみたい、情熱的な恋愛を楽しみたいという女性に向いている。開放的で自信家のため、未知の世界へグイグイ引っ張っていってくれるだろう。

一方、華奢派の男性は性への自信のなさ、タブー意識から精神面での結びつきを重視している。「君とただ一緒にいるだけでいい」といった言葉は、その表われである。

こういうタイプにはプライドの高い人が多いので、まずは精神的結びつきを大切にするとよい。徐々に性的な喜びを一緒に楽しめるようになれば、性的欲求が決して悪いものではないということをわかってもらえるだろう。

「好きな外国」でここまで読める！

行くならどっち？——欧米vs.アジア

「好きな海外はどこ？」と聞いたとき、方面は大きく「欧米」か「アジア」に分かれる。

欧米派の男性は上昇志向が強く自信家で、「オレにはもっと何かできるはずだ！」と固く信じている。

たとえば、日本で挫折を味わい、アメリカンドリームを目指し、「行ってみれば何とかなるさ」と特に目的もなく渡米するようなパターン。世界の中心にいるという事実そのものが彼の自信であり、存在証明となっている。

音楽や芸術的センスを磨きたい、英語力を試したい、スポーツ技能を高めたい、新しい自分を発見したい、我が道を切り開きたいという、チャレンジ精神あふれる人の多くは、アメリカの地を踏む。

アメリカのいいところと日本のいいところを両方知り、それらを取り入れようとしている人は柔軟性があり、どこに行っても臨機応変に対応できる。

一方、アジア派は、欧米派より地に足が着いていて、等身大の自分を見つめることができる。欧米派の中には行きあたりばったりでガイドブックも持たない人も多いが、アジア派は何冊ものガイドブックでその国の歴史や文化などを詳しく勉強し、理解を深める。慎重で真面目なコツコツ型が多い。

欧米派が外向的だとすれば、アジア派は内向的なイメージだ。同じ国に何度も通う人が多く、リピーター同士でその国に対する知識や思い入れの深さを張り合ったりするのも特徴のひとつ。欧米派は他人と比べることはせず、お互いにプラスになる情報を交換をして助け合うが、アジア派はお互いをライバル視し、「オレは八〇年代から毎年通っている」「オレは二年間住んでいた」とどれだけ深く関わっているかを競い合ったりすることもあるようだ。

お気に入りのアジア――見栄っ張りの香港、こだわり屋の韓国

アジアの国々の中でどの国がお気に入りか？ 男女問わず人生観や性格が如実に反映されるが、男性の場合、特にその違いが顕著に表われる。

ショッピングとグルメで知られる香港好きは、一言で言えば見栄っ張りの上昇志向だ。お金をたくさん持ち、昼はブランドショッピング、夜は夜景の見える高級レストランで食事とワインを楽しむ、といった欧米派に限りなく近い過ごし方をする。欧米志向だけど安くあげたいと考えているとも言えるだろう。高い理想を持ち、いつも自分を高めていきたいという向上心のある男性である。

韓国好きの男性は、強いこだわりを持つ人が多い。「韓流ブーム」のおかげでずいぶん身近になったとはいえ、韓国には今なお日本に対する複雑な感情が生きている。旅するといっても、単にエンジョイするのではなく、何か重いものを背負いながら過去の歴史と向き合う……そんなつきあい方を好んでする。

リピーターの間では渡韓歴を競う気持ちが強く、「オレが一番詳しい！」という、こだわり屋が多い。そういった思いや知識を積極的に披露したがるのも韓国好きの特

徴だろう。

台湾を選ぶ人は、肩の力が抜けていて自然体。台湾も韓国と同じく日本の植民地だったが、対日感情は極めて良好だ。台湾人は中国人や韓国人に比べるとおっとりしており、日本人にとっては親しみやすい。

また料理も美味しく、少数民族文化、温泉やビーチリゾートといった観光資源も豊富で、穏やかな人がのんびり過ごすのに向いている。

タイは、今も昔もバックパッカーのメッカのひとつである。本物の猛者《もさ》もいるが、バックパッカーの、そのイメージに憧れる人が、手軽に放浪者を気取れる場所でもある。

なので、タイのひとり旅を武勇伝としてオーバーに語る人は、少々信用が置けない。自己顕示欲が強く、常に精神的強さ、肉体的強さを誇示したいという気持ちを持っている。

バリ島を好む男性は自然体であることを強く望んでいる。バリ時間に身を任せ、人目を気にせずにビーチでボーッと時を過ごすにせよ、サーフィンやダイビングといった目的があるにせよ、マイペースでゆっくりしたいと心底思っている人である。

インドに憧れ、おもむいてしまう人は、若干クセがある。哲学や宗教に魅かれ、内省的に悩みがちなタイプだ。インドに行けば何か答えが見つかるのではないかと、出かけていく人も多い。自分を見つめ直したい、今の自分を変えたいと模索し、漠然とした悩みを抱えている。

「食の好み」でここまで読める！

肉好きは我慢が苦手　魚好きは穏やか

肉が好きな人と魚が好きな人とでは、体格はもちろん、人となりも大きく違う。

肉が好きな男性は食欲はもちろん、性欲、物欲も旺盛だ。食べるのが好き、Hが好き、新しいものが好き。そして欲望に忠実で、我慢することが苦手である。よく言えば、非常にエネルギッシュでバイタリティもある。健康一番とわかってはいても、ダイエットや禁煙が長続きしたためしがない。

胃腸は、肉中心の食生活で鍛えられてきたために丈夫。「遊びに行こう」「メシ食いに行こう」と周囲を引っ張る力もある。自分自身の欲望の幅が広いだけあって、何につけても許容範囲が広く、包容力もあるのでやさしく振る舞える。男らしく、頼りになる存在だ。

しかし、いくら食べ続けても、買い続けても心から満たされることがなく、常に新たな刺激を求め続ける運命にある。したがってひとりの女性を一途に……というわけにはなかなかいかず、本能のおもむくままについ行動してしまいがちである。

魚の好きな男性は、あっさり、さっぱり、淡白。脂っこいものが苦手なので、健康な胃であっても、胃の強いほうとは言えないようだ。

人の要《かなめ》と言われるお腹（胃腸）が弱いということは、必然的にパワフルさに欠けるが、魚に含まれる豊富なカルシウムのおかげか、穏やかな人が多い。また、抑制心も強く、自分をコントロールすることのできるスマートで知的な人も多い。

お酒を飲まない――ストレートで押しが強い

お酒を飲まない男性は、普段から心が平穏でナチュラルな状態のため、余計なストレスを抱えにくい。悩み事にぶつかったとき、酒を飲んで忘れるといった方向に逃げずに、自ら解決することができる。自分の感情としっかり向き合うことができるため、打たれ強く、強い精神力を持ち合わせている。

女性を口説くにも、お酒でワンクッション置いたりせず、ストレートで押しが強い。また、お酒以外のストレス解消法をいくつも持っている。つまり多趣味で、海から山まで各種スポーツを器用にこなしたりする。旅行やレジャー、ドライブなどもお手のものであることが多い。

おつきあいのために一杯くらいは飲む寛容さを持ち合わせている彼なら、「飲みたい彼女」を受け止めてくれる度量がある。楽しい時間や空間を共有してくれ、普段から等身大な姿を見せてくれる「飲めない男性」は、意外に買いである。

ただし、ストレスのはけ口として、タバコや女性、ギャンブルなどに逃げる人もいるので注意が必要だ。

また、お酒を飲まず、なおかつ心をオープンにしない人もいる。お酒を飲むことで弱い内面をさらけ出すなんてナンセンス！　と考える、非常に高いプライドの持ち主である。

酒飲み――几帳面で繊細な心の持ち主

お酒が好きな男性は一見豪快に見えるが、実は真面目で几帳面、非常に繊細な心の持ち主。何ごとにつけても真正面からぶつかってしまうために傷つきやすく、その傷を癒すためにも酒を飲まずにはいられないのだ。

面と向かってものを言えない人、悩みを自分で抱え込んでしまう人など、真面目で思慮深い人が何かあったときにお酒を飲むということも多い。もちろん、楽しい気分になるからというのもあるが、根底では普段のストレスからの解放を必要としている。人間関係においても人見知りしがちで、恥ずかしがり屋だ。

お酒を飲む人は、飲んで食べること自体が趣味であることが多いからか、あまり多くの趣味を持っていない。その代わり、何かひとつのことに取り組むときには、ものすごい集中力を発揮する。

また恋愛においては、あまり自信がないのでお酒の力に頼る場合もある。素面《しらふ》ではダイレクトに誘う勇気がないのだ。普段真面目な人があなたを飲みに誘い、いきなり大胆に告白することもあるだろう。酒飲みの男性はお酒の力を借りるクセがつくと、決まった女性がいても他の女性を口説こうとする。

普段はいい人なのに、飲むと豹変するタイプの人は、いつでもよい人でありたいという非常に高い理想を持っている。しかし、現実とのギャップの激しさにストレスをため込んでしまうので、一瞬でも力を抜くためにお酒を飲む。ブレーキの利かない飲み方をする人ほど豹変率が高く、それはストレスの大きさに比例すると言える。

卵焼き好き——家庭的な女性を求める

お母さんが作ってくれる料理の中で、卵焼きは母の愛情を象徴する代表的なメニュー。完全栄養食品である卵を子どもが好んで食べるようにと、甘く味付けされているのはその愛情の印だろう。男の子は大人になってもその母の味を忘れられない。

大人になって「卵焼きが大好きだ」という男性は、女性に家庭的なイメージを求めている。卵焼きは男性にとって「家庭」の象徴でもあるのだ。

だしの種類、塩や砂糖の分量など、男性にはそれぞれ好みがある。彼の心をとらえるためには手料理が一番だと言われるが、中でも彼好みの卵焼きを作ってあげることができたら最高だ。

できれば彼のお母さんにオリジナルの卵焼きを作ってもらい、レシピを教えてもらおう。その味を再現してあげることが、彼と末永く円満に過ごせるコツである。

ただし、何度作ってもダメ出しをする彼は、マザコンの気《け》があると言える。

果物好き――家事を率先してこなす

フルーツが好きで自ら皮をむいて食べる男性は、家事などを手伝ってくれ、しかも料理を手伝わせれば非常に段取りがよかったりする。また、女性をしっかりフォローし、引き立ててくれる。

イチゴなど、そのまま手軽に食べられる甘いフルーツしか食べない男性は、自分から進んでやることはないが、女性がお願いすると、案外心よく家事を手伝ってくれるだろう。

一方、フルーツを食べないという男性は、一言で言うと甘えん坊だ。「酸っぱいから嫌い。面倒くさいからイヤ。むけないから嫌い」と、どんなに社会的地位があっても、自立できていない部分を持ち合わせている。

食材にこだわる――高い理想を追い求めている

料理ができるということは、幅広く人の面倒を見られるということ。結婚して子どもがいる場合、赤ちゃんのオムツを替えたり、お風呂に入れてくれたり、幼稚園の送り迎えをしてくれたりなど、率先して子育てに参加してくれる。また、奥さんの愚痴に耳を傾けてくれたりもする。

ただし、食材などに極端にこだわる、職人気質とも言える料理好きの場合、表向きはそう見えない場合が多いが、非常に自己顕示欲が強く、高い理想を抱いており、女性にもそれを求める。

❦そばにこだわる——自分のスタイルは決して崩さない

そばの品定めをして、味やお店を評価するそば好きの男性は少なくない。おいしいと思ったそばを他の人に紹介するまではよいのだが、あくまで自分の評価が一番で、「な、うまいだろ？　他はもう食えなくなるだろう？」と相手にも同意を求めがちだ。

一見協調性があり、皆と価値観を共有したいと思ってはいるものの、実はかたくなで、自らの守備範囲や提案に共感してほしいと願っている。

このようなタイプは判断力と決断力があり、「これはいいんだ！」と断言することができ、周囲の人たちを巻き込むパワーがある。しかし、自分の意見に固執するあまり、人に話す機会を与えない。そばに限らず、たとえば映画でも、「オレは映画が大好きで評論家になれるくらいだよ」と言ったそばから「オレは洋画しか観ない」と自分だけのスタイルを人にも強要するのが、そばにうるさい男性の特徴だったりする。

栄養ドリンク好き――精力的でありたいと願うが……

栄養ドリンクに頼る男性は、いつも精力的でありたいと願っている。体力に自信がなくなっており、その不安を打ち消すために栄養ドリンクを飲む。ドリンク剤が効いているかどうかはともかく、飲む行為そのものが魔法の呪文のようになっており、「これを飲めばもっと頑張れる」というスイッチとして機能している。

裏を返せば、ドリンク剤を飲まなければオンとオフの切り替えがうまくできないタイプ。「高いドリンク剤だからよく効くはずだ」と自らを暗示にかけ、ネガティブ要素を懸命に打ち消そうとしている。

「趣味・スポーツ」でここまで読める!

野球、サッカー、格闘技――彼の好きなスポーツは?

野球が好きな人は、真面目な平和主義者。チームプレーを好み、みんなで支え合うという精神が基本にある。

野球が始まると、ついついラジオをつけて聞いてしまうという人は、流行に疎《うと》く頑固だが自分をしっかり持った熱血漢。女性をコロコロ替えることはなく、いったんつきあい始めると長続きする。また、野球は家族ぐるみで楽しむことも多いことから、家庭を大切にし、協調性がある人が多い。

サッカーを好む人は競争心にあふれ、大勢で楽しむことも好きだが、負けず嫌い。人の中から抜きん出たいという秘めた願望を持つ人も多い。流行や華やかなイメージもあわせて好きという人が多く、見た目のカッコよさに大いにこだわる。

サッカーでは個人プレーが脚光が浴びるとともに、チームワークも重視される。会社での人間関係がうまくいっていない人が、サッカー場でお揃いのユニフォームを着て、その一体感に酔いしれ、ストレスを発散させているということも多い。

格闘技をしている人は、自分を変えたいという願望を抱き、ナンバーワン、トップになりたいと思っている。真面目でコツコツ型。もともと秘めていたネガティブな考えを打破したい！　と、マイナスの気持ちをプラスのパワーに変換できる人でもある。親から厳しく育てられたり、仕事で抑圧されていたり、ストレスを抱え込んだりしている人も多い。

格闘技を見るのが好きな人には、意外と真面目な人が多い。ヤジを飛ばすなど抑圧されている感情を解放するために格闘技に熱狂するのだ。

スキー派vs.スノボ派――人生に対する姿勢が見える

スキーとスノーボード。同じゲレンデを舞台としたウィンタースポーツだが、性格によってどちらを好むかで、その人となりがよくわかる。

グループでスキーを楽しむ場合、難易度の高いコースをひとりずつ順番に滑っていく。いわば、スキーは滑る人すべての目標値が高く、お互いを評価し合うことから向上心がある人向けのスポーツと言える。どれだけ速く滑れるか、どれだけカッコよく滑れるか。技術とセンスを、できれば大勢の人に見てもらいたい。ベテランになればなるほど自己顕示欲が強く、ナルシシストが多い。

ただし自己中心的というわけではない。オープンな場で大勢で楽しむ、競技性のあるスポーツであるだけに、コミュニケーション能力もあり、マナーも守れる。社会人としてもきちんとしている人が多い。

一方、**スノボ**は人に見せたいというイメージから入るものの、思い通りに行かず悪戦苦闘。転ばないように滑りたいと個々の目標設定が低いが、負けず嫌いがハマるスポーツだ。

初めてやってすぐできるスポーツではないため、最初はプライドをズタズタにされる。ちゃんと滑れるようになるまでは、誰が見ても非常にカッコ悪い。その段階を克服してこそ、一人前のスノーボーダーになれる。一見浮ついたスポーツのように見えるが、案外、根性がいるのだ。

だから、プライドが高い人にはあまり向いていない。社会性より個性を、評価より自己満足を大切にしたいと思っている人が多く、仕事一筋というよりは、遊びも楽しみたいというタイプが多い。

しかしスキーでもスノボでも、ウィンタースポーツを好んでやるというのは、元気やパワーがある証拠。また、ゲレンデでのマナーをしっかり守れる人は、自然を愛することのできる男性なので信頼できると言える。

自転車好き――「永遠の少年」願望の表われ

競輪選手のようなコスチュームに身を包んで、びっくりするくらい高価な自転車に乗っている人がいる。走っている間は選手になりきっているから、人に見られることで快感を味わう。

極端な自転車好きの中には、過去に夢を追い求めていたがそれを果たせず、大きな挫折を味わったことのある人が多い。

自転車というのは、自分でこいだ以上には進まない、等身大の乗り物だ。それだけにすべてを自分の力でコントロールする万能感に浸ることができる。ユニフォームを着てペダルをこげば、何でもできると思っていた少年の時代に戻れる。いわばタイムマシンのようなものだと考えているのである。

❀バイク好き——好きなものにはとことん一途

単にカッコいいからとかオシャレだからとかいうのではなく、暇さえあれば黙々とバイクをいじっているバイク好きがいる。ファッションにも無頓着で、ひたすら寡黙に乗り回す。

バイクの素晴らしさを共有できる仲間さえいれば、それ以外のコミュニケーションは望まない。興味のないことには一切手を出さないが、これぞという仕事やステージに出合えたという人は、才能を開花させて大成功する可能性がある。

男のコ独特の「メカ好き」と通じるところがあり、バイクについて質問したりすると、怒濤《どとう》のごとく答えが返ってくる。ただし、相手の目線で説明することはしないため、バイクに疎い人はあっけにとられてしまうだろう。

ちなみにバイク好きはパソコンにも精通していることが多い。
脇目もふらずに真面目に取り組めるので、ひとたび女性とつきあうことになれば、女性にとっては嬉しいくらい夢中になってくれる可能性も高い。

パチンコ好き――寂しがり屋、なのに孤独好き

パチンコ、スロット、競馬などのギャンブル好きは、あまり威張れた話ではない。にもかかわらず、それを公言する男性は、よく言えば素直で、飾らないタイプとも言える。

しかし、パチンコ好きは勝ったときの話しかしない。「百万は勝ってるかなあ」などと言ったりするが、実際に勝っていることは極めてまれだ。一日に十万円、二十万円と注ぎ込み、負け続けていても、いつか必ず取り返せると確信している。

たとえ勝っていたにせよ、女性にとって、それが男性としての価値を上げるものではないだろう。しかし、彼はそうは思っていない。パチンコに強いことは、彼の中ではカッコいいことなのである。

勝てば大盤振る舞いをし、負けたら釘や打法の分析を始める。常に一喜一憂の人生となる。大負けして「もうやめよう……」と決意した翌朝、新装開店の列に並んでしまう。やめたいのにやめられないという裏腹な気持ちこそが依存である、ということに気づいていない。

パチンコ好きに限らず、ギャンブル好きは、本当はやらなくてはいけないのにイヤなことを後回しにして、今がよければいいという感覚が強い。自分自身をコントロールできないだけでなく、人に指図されるのも嫌う。また、寂しいのにひとりを好むといった裏腹な習性もある。

パチンコにハマるのにはさまざまな理由やきっかけがあるが、普段何かに抑圧されていて、そこから逃れるためにパチンコに没頭するという人もいる。ストレス解消というわけだ。しかし、負ければストレスをさらに抱えることになり、そのストレスをまたパチンコで解消するという悪循環を延々と繰り返す場合もある。

社交的なのにパチンコにハマっているという人は、何も考えずボーッとできる時間を求めている場合もある。

❧絵が趣味——並はずれた観察力とこだわりの持ち主

絵の上手な男性は、観察力に優れている。細かいところまで実によく観察し、正確に把握することができる。

絵を描くことで自分を表現する人は孤独ではあるが、とことん楽しめる自分だけの世界を持っている。細やかな感性を備えているため、色々と思うところはあるが、それらを絵の中でしか表現できないという人も多い。もの静かで控えめなため、なんとなく集団に溶け込んでいることもあるが、心の中ではまったく別のことを考えていたりする。

喜怒哀楽はあまり表に出さず、もっとも親しい友人や彼女にしか心をオープンにしない。キャンバスのように小さな世界で、本当の自分を表現したいと思っている。

ストライクゾーンは極めて狭いが、観察力は並外れて優れているため、もし交際を重ねて夫婦にまでなったとしたら、あなたはよほど彼の理想像にぴったりだったのだろう。ただ、その観察眼も独特な価値観に基づいていることがあり、明朗活発とかもの静かといった大雑把なくくりで女性を分類することはしない。気質だけでなく、見た目にもかなりこだわり、秘かにマニアックな好みを持っている場合もある。

写実的な絵を描くのが得意な人は、観察力に優れているだけでなく、並外れた集中力の持ち主でもある。一本一本の線にこだわる頑固さがあり、自分はもちろん、他人への評価も厳しい。完全主義者が多く、写実的に描く人ほどプライドは高い。

イラストを描く人は柔軟性があり、描く世界は自分の理想の世界であることが多い。

また、絵を描く人には、自分の作品を見せたがる人と、そうでない人がいる。

見せたがらない人は一匹狼で、ほとんどマスターベーションのように絵を描き、それでストレスを解消したり、納得したりと、自分を癒すはけ口になっている。一方、人に見せて評価を受けたい人は、絵が何かを表現するためのツールになっている。絵を通してコミュニケーションを図ろうとする。「絵＝自分」であり、自己愛が強ければ強いほど、自分の描いた絵を人に見てもらいたがる。そのため自分の絵を人から否定されることは、自分を否定されたのと同然の気持ちになる。

絵を描いている過程を見られたくないという人も多い。努力しているところを見られたくない完全主義者で、プライドが高く、だからこそ完成したものしか見せたくない。そして、評価されたいという気持ちを、実は強く持っている。

総じて絵に自分自身を重ねている人ほど、見せたいという思いを強く持っており、他の趣味を持たない。だからこそ、その作品には渾身の思いが込められる。自信があり、評価されるほうにベクトルが向いているので打たれ弱く、否定されると立ち直りに相当の時間を要するデリケートな人である。オシャレでほどほどに趣味もあり、友だちもいる人なら、その観察力と創造力がうまくコミュニケーションの中に発揮されるだろう。

音楽が趣味――熱い思いと冷静な判断力を併せ持つ

バンドを組んだりして音楽をやろうと思ったら、音感やリズムだけでなく、身のこなしやビジュアル的な要素も必要とされる。音楽が趣味の人は豊かな感受性と情緒性を持ち合わせているだけでなく、指先を使うせいか頭のいい人も多いようだ。

また、自分が好きな音楽で酔いたいというだけでなく、聴衆も同じ感性で酔わせ、価値観を共有したいと思っている。音作りには職人的なこだわりを見せつつ、聴衆に受け入れられるかどうかも客観的に見極められる、バランスのとれた感性を備えている人が多い。

見た目や普段の振る舞いと音楽のジャンルは、時に正反対のこともある。おとなしくて真面目な男の子がヘビメタのバンドで火を噴いていたりすることもある。普段は表現しない、内に秘めた感情が音楽に込められているのだ。

ボーカルはもちろん一番目立つ上に、ストレートに言葉で伝えられるパートということもあり、自分を表現したい、世論に訴えたいという自己顕示欲が強い人が多い。

占い好き――ポジティブだが、プライドが高い

占いといえば女性の専売特許だが、中には占いが好きだという男性もいる。

占い好きの男性は一見ネガティブに見えるが、実は概してポジティブ思考で明るい。たとえば、なかなか結婚できないとしても、その原因を自分の中にではなく、「引っ越した方角が悪かったのかな」などと別のところに見出して安心してしまう。占いによって自分の分析をするようでいて、本質的な問題には目を向けず、都合のいい占い結果だけを上手に受け入れて、スッキリしてしまうところがある。

占いは、時にショッキングな結果が出てくることもあるが、占い好きは、シビアな結果が出ても気にしないポジティブさを持ち合わせている。

ただ、少々プライドが高いため、本来なら身近な人に相談すればよさそうなものを赤の他人である占い師に話し、頼ることになる。友だちに相談もでき、占いにも興味を持っている人は、柔軟でコミュニケーション能力もあり、ポジティブで好奇心旺盛であることが多い。

男性が占いを試してみようと思うこと自体、キャパシティの広さを表わしている。女性の考えや悩みに耳を傾けよう、思いやろうという姿勢が見られる。そのせいか、占い好きな男性は一般に女性的な面を持ち、女性との交友関係も広い。

一方、真っ向から占いを嫌っている男性は、人に何かを決めつけられたり、助言されたりするのが好きではない。何か不吉なことを言われたとき、それにとらわれそうでイヤだという人も多い。

プライドが高く、自分だけを信じ、自分のことは自分で分析して決断する。ただ、占いを拒んでいる時点でキャパシティを狭めていることになり、どちらかというとネガティブな思考に陥りがちとも言える。

たとえば人から意見されたりすると、それが心の奥にわだかまりとして残ったり、根に持ったりするタイプでもある。

学生時代の部活は?——彼をもっと知りたいとき

男性のことをもっと知りたいと思ったとき、学生の頃、どんな部活動をやっていたかを聞いてみるといい。それがスポーツであれば、どのような競技に取り組んでいたかによって、その人となりがよくわかる。

チームスポーツを選ぶのは、仲間とワイワイ楽しんだり、みんなで協力して何かを作り上げたりするのを好む男性。誰かの役に立ちたいという気持ちがあり、集団の中で自分の立ち位置を決めて頑張るタイプだ。結婚すると子どもの遊び相手をしたり、子育てに参加したりしてくれる家庭的なパパになる可能性が高い。

バスケットをやっていた人なら、とっさの判断力に優れ、ハプニングにも強い。全体を見渡すことができ、穏やかで個性的な人が多い。

サッカーを選ぶ人は華やかで、バイタリティに満ちた人が多く、人気者になりたいと思っている。サッカー好きは個性的でオシャレで明るく、柔軟性がある。チームスポーツだが、個々人の存在価値がもっとも生かされ、それを認め合える人となる。

バレーボールを選ぶのは、真面目でやさしい、ソフトな印象の男性に多い。フェイントなどで視野の広さも磨かれており、つらさを表面に出すことをしない。

野球は、厳しい練習にコツコツ取り組むことが必要とされるため、忍耐強い男性が選ぶことが多い。個人としての力も発揮でき、秘めた自己顕示欲も満たされる。

一方、個人で戦うスポーツは、一見地味な印象がある。確かに練習はひとり寡黙にコツコツ積み上げるしかない。しかし、なんといってもひとりで戦うのであるから、精神力と度胸が鍛えられる。普段の言動は控えめだが、心の中には強烈な自己顕示欲を秘めている人が多い。「みんなで一番」を目指すが、加えて「オレが一番」も目指すタイプだ。

中でも、**テニス**は華やかなイメージがあり、高貴で、美への高い理想を持っている人が選ぶ傾向がある。

陸上は、ひとりで突っ走るタイプ。おとなしい人が多いが、コツコツ頑張って花形を目指す。勉強もスポーツも、バランスよく頑張れるという人が多い。

多い。

武道は、礼儀作法を重んじる。真面目さはもちろん、強い忍耐力を持っている人が多い。

ボクシングを選ぶのは、強くなりたい、そして一番になりたいという意識が特に強い人だ。寡黙だが、実は心やさしい男性が多い。

卓球は、コツコツ組の代表格。自分の中で目標を設定して、孤独に負けず地道に頑張れる、人知れぬ負けず嫌いが多い。

6章 恋愛・行動編

彼の“今の気持ち”が、
手にとるようにわかる!

ふたりきりのときにわかる、男の素顔

❀イタリアン？　居酒屋？――初めて行く店でわかる、女性とのつきあい方

初めてのデートで女性をどんなお店に連れていくかによって、彼のタイプやその後のカップルの運命がおおむね占える。

イタリア料理やフランス料理を選ぶ人は、比較的女性とのつきあいに慣れていて、女性の好みに合わせてさまざまに演出し、女性の喜ぶ顔を見るのを楽しみにしている。グルメ情報などに精通し、イタリア料理やフランス料理に限らずキャパシティは広い。ロマンチックな雰囲気を醸し出したり、誕生日などの記念日を大切にしてくれたりする。自らもオシャレだが、女性の理想も高い。

いいことだらけのようにも思えるが、少々オチがある。そうしたお店には他の女性とも来ている可能性があり、またそんなお店に女の子を連れていく自分に酔っている

場合もある。後日、女性が女友だちとお店を訪れたときに、違う女性と一緒にいる彼と鉢合わせ、ということもあるだろう。

和食を選ぶ人は、「日本人は和が基本」というポリシーを持っていて、それを押しつける傾向もある。女性の好みも「和」を重視。奥ゆかしく古風な女性、家庭的な女性を好む、保守的な考えの持ち主だ。真面目で理想が高く、ストライクゾーンが狭い。主導権を握りたいタイプでもある。

初めてのデートがいきなり**チェーン居酒屋**だったら、まず間違いなく彼はお酒好きで、ワイワイガヤガヤ楽しくて賑やかな場所に落ち着きを感じる人だ。そして照れ屋なため、とりあえずお酒の力を借りてリラックスしたいと考えている。

自分の意見は曲げたくないが、他人の意見にも耳を傾ける寛容さを持ち合わせており、色々な価値観を受け入れることができる。ただし、お酒の絡んだ問題が後に出てくることも考えられる。

お酒好きでもないのにチェーン居酒屋が好きという場合は、安くて豊富な品揃えで手っ取り早くあなたの好みに応じたいと思っている。女性の側から「イタリアンが食べたい」と提案すれば、次はイタリアンに連れていってくれるかもしれない。まっさらなので、女性の力で育っていくタイプとも言える。

通い慣れた個人経営の居酒屋をデート場所に選ぶ男性は少なくない。自分のテリトリーの中で何ごとも進めたいという気持ちの表われである。「いつもの」と言える顔なじみ感にステータスを感じており、そこのスタッフや名物料理を知っていることに優越感を覚える。

また、本当は人づきあいがあまり得意ではなく、上下関係や男女関係など、社会に必要なことはすべて居酒屋のカウンターで教わったという人も多い。

そんなお店に彼女を連れていく行動の裏には、自分の家とも言うべきとっておきの場所に、彼女を仲間入りさせたいという心理がある。

彼はお店ではとことんリラックスできる。お店に馴染んでいる様を見せたいあまり、つい女性をほったらかしにしてはしゃいでしまうといった行動もたまに見られるが、とにかく自分をアピールしたいがゆえの行動だ。逆に女性をしっかりフォローして、上手に仲間に加われるようリードしてくれる男性は、自分のテリトリーに早く彼女を入れたいという思いも強く、つきあい始めてからも大切にしてくれるだろう。

初めてのデートで高級寿司屋という男性は、まず優位に立って、自分の手ですべてをコントロールしたいという野望がある。リッチな男性であることを印象づけ、女性を大切にする自分、最高のおもてなしができる自分をアピールしているのだが、女性は女性のためというよりは、そんな自分がどう見られているかが重要だったりする。それそして、相手の喜ぶ顔を見て、評価を受けている自分に酔う。

こうした男性は女性へのアプローチが素早く、たとえば誕生日を豪華に祝ったりしてグイグイ引っ張り、まっしぐらに結婚に至ることがある。

デートに焼肉屋を選ぶほどの男性なら、きっと肉好きだろう。一般にエネルギッシュで豪快。カッコつけることがなく、自然体で楽しみたいタイプだ。食欲に忠実であると同時に、性欲も隠すことがない。女性に対しても、細かいことを求めない。

ポイントは、支払いを割り勘にするかどうかだ。焼肉が高いといえども、一度目のデートぐらいは払ってくれる人がいい。いきなり割り勘にしようとする男性は、人のためにお金を使うことのできない人であり、人のために何かができない人でもある。

男性から誘った最初のデートで割り勘となれば、日常的に細かいお金までも見事にすべて割り勘にするだろう。自分のものは決して人に譲らないが、人のものは分けてもらうという人が多い。主導権を握ることを決してせず、お金だけでなく、何かにつけて責任をとることを避け、肝心なことからは逃れようとする。最初の観察が肝心だ。

食事をとりあえずとるという感覚で**牛丼屋**に行く男性は、ごくごく自然体でマイペース。カッコつけることなく、すべてをさらけ出してしまう。

男性からすると、牛丼屋に女性が一緒に行ってくれるのはとても嬉しい。カッコつける必要のない牛丼屋にあなたを連れていくということは、彼があなたに心を開いている証拠だ。このような男性は、家庭的で和ませてくれる女性を好む傾向があるので、栄養バランスを考えた手料理を作ってあげたりすると大喜びしてくれるかもしれない。

ただし、毎回デートが牛丼屋という人の場合は要注意。女性を大切にしようという気持ちがあるかどうかは大いに疑問だ。メシなんて食えればいい、と思っているふしがある。こうした関係がいつまでも続くと、なあなあになって結婚には永遠に到達できないかもしれない。

長々と居座れる**ファミリーレストラン**でのデートは、料理を食べるというより、会話重視。あなたと一緒にいること自体に重きを置いている。または他に趣味などがあって、食べることにお金を使いたくないという場合もある。歩み寄りがあれば、マリンスポーツやドライブなどをふたりで楽しんでいきたいと思っているはずだ。

ラーメン屋のうち、行列のできるこだわりのラーメン屋に連れていく男性は、おそらく自己顕示欲が強く、自分の通ぶりを自慢したいという気持ちがある。男性らしく、女性をリードしていきたいというタイプだ。

一方、とりあえずラーメンというような人は、食事に重点を置いていない。「早く食べてどこかへ行こう！」と考える人である。

タイ料理やインド料理など、スパイシーなエスニック料理を選ぶ人は、「面白い男性」という印象を与えたいと思っている。もともと会話などには自信がないが、料理そのものを会話のスパイスとしてデートを楽しもうというわけだ。エスニック料理はクセがあるため、好き嫌いが分かれるところだが、彼女の好みも考えずに店を選ぶあたり、やや自分勝手なところもある。しかし、うまくツボにハマれば女性を満足させられる。男性がエスニック好きという場合は、自分の土俵に引き込みたいという意図もあるはずだ。こういう男性は、料理やその国の説明ができるほど、知識が豊富だったりする。

また、エスニック料理好きはえてして、色々な国の料理にチャレンジしており、またそのスパイスのごとく刺激を求める浮気者が多いとも考えられる。

ドライブこそ、男の本性がわかる近道

女性にとっては、クルマは移動のための道具であり、アクセサリーの一種でもある。しかし、男性にとってクルマは城であり、身にまとうよろいであり、時には武器であったりもする。

クルマに乗ると態度が豹変する男性は少なくない。たいていは驚くほど気持ちが大きくなり、走り屋と化す人も多い。一般に、普段抑圧されている男性にこの傾向が強い。日頃から、笑顔を強いられてたまったストレスへの反発が、クルマという空間を身にまとうことで一気に噴き出すのである。

つまり、車のボディの大きさだけ、自分のパーソナルゾーンが広がった気になってしまうのだ。

普段は静かでおとなしい人が、クルマに乗ったとたん「オレ様」的な態度になり、車のボディにちょっと触れられたぐらいで逆上してしまったりもする。

クルマはややもすると危険な凶器になる。クルマの運転は、できれば平常心、またはいつもより慎重なくらいがちょうどいい。

おつきあいを深める前に、彼とドライブしてみることをお勧めする。クルマに乗ったときにこそ男性の本性はわかるのだ。

運転がうまい人は女性の扱いもうまい？

クルマの運転がうまい男性は、間違いなく女性の扱いもうまい。たとえあなたがドライビングテクニックに詳しくなくとも、助手席に乗ったときの乗り心地のよさで判断できるはずだ。「怖い」という思いをさせない、あるいは心地よくて眠ってしまったとしたら、運転がうまい証拠だ。

ブレーキのかけ方やカーブの曲がり方が滑らかで、丁寧な運転をする男性は、乗っている女性への気配りが行き届いている。道路上で道を譲り合い、運転マナーもよく、助手席に乗っていて居心地がよい。注意力、判断力、運動・反射神経……そしてクルマ、歩行者、助手席のあなたへの思いやりと、トータルでバランスのとれた人であると言える。

逆に、急ブレーキや急ハンドルが多い、つまり運転があまりうまくない男性は、女性に対しても極めて自己本位に振る舞う。助手席にいても彼がイライラしている様子が感じられ、乗っていて、心地よくない場合は注意が必要だ。

ところで、二十代後半から四十代の女性に独自にアンケートをとってみた結果、面白いことに、「運転のうまい男性はHもうまい」と断言する人が多かった。思いやりがあるからこそ女性に合わせた振る舞いができ、ふたりの時間を大切にしてくれるのだろう。

スキンシップが多い——あいまいな態度は厳禁!

飲み会などでやたらと女性にタッチしたがる男性がいる。スキンシップは好意があるというアピールであり、隣り合わせになった女性と一緒にいる時間が楽しくて仕方がないという気持ちの、ストレートな表現だ。そして、自分のパーソナルゾーンの中に彼女を招き入れようとしている。

もし「タッチ好き」の彼に興味があるなら、まずは笑顔で返してあげるといい。そして、彼が答えたくなるような質問を投げかけてあげよう。

逆に彼をイヤだと思ったら、席を替えてでも離れるしかない。あいまいな態度をとると勝手に好意的に解釈して、さらにグイグイ入り込んでくるタイプだからだ。

また、その場に自分の彼女がいるのに、別の女性にやたらと接近する男性には要注意だ。距離感をよくわかっておらず、場の空気を読めない人だと言える。ダイレクトな浮気願望の表われであることも多い。

別れ際に振り返る――女性を大切にしたい気持ちの表われ

デートが終わり、別れを告げた後は、どうしても名残惜しくてついつい振り返ってしまうものだ。そんなとき、彼もこちらを見ていてくれると、心地よい余韻とともに家路につくことができる。

幼い頃、子どもが外出する際、母親はその身を案じて姿が見えなくなるまで見送ってくれたものだ。振り返るといつも母が見守っていてくれる。このように愛された経験を持つ男性は、大人になっても別れ際に振り返ることが多い。見守ってくれている人がそこにいてくれると思うからこそ振り返るのだ。

そんな男性なら、きっと人を素直に愛することができ、愛情を率直に表現してくれるはずだ。デートの別れ際に振り返るのは、彼女を大切にしよう、見守ってあげようという気持ちの表われである。

逆に振り返らない男性は、案外ドライな環境に育ち、見守ってもらう経験をしないうちに自立してしまったのかもしれない。

一方で、恥ずかしくて振り返れないという男性もいる。気配は気になっているのだが、照れくさくて振り返れないのだ。振り返らない彼を、あなたが温かい気持ちになって見守ってあげよう。いつか振り返ってくれたときに、きっと鮮烈に彼の印象に残るはずだ。

女性の動作を真似る——ふたりの仲が一歩深まった証

あなたがコーヒーを頼んだら「僕もそれで」といった具合に、あなたの真似をするのは、あなたに合わせようという意識の表われだ。言葉でうまく言うことができないものの、同じ行動をとることで、その場を精一杯共有したいと思っている。

カップルはつきあっているうちに顔も行動も似てくるというが、お互いが同じ場所や行動、価値観を共有することは、仲が深まった証でもある。

彼の話の中身に注目してみよう。話題が豊富な人なら、あなたを全面的に思いやった上で真似している可能性が高い。女性を立てて、適度に譲歩するやさしさを持ち合わせている。

しかし、話が盛り上がらず、ただ真似しているという男性は、主導権を握ることを好まず、いつも誰かに決めてもらっている人だ。極端なマザコンの可能性がある。自分の考えを持っておらず、他人に流されやすい。女性が何かを決定してあげないと、何も進まない。女性の言うことは何でも認めてくれるため、はじめは心地よいかもしれないが、いずれ頼りなく、物足りなくなるだろう。

逆に、あなたの動作とことごとく違う動作をする人もいるだろう。食事が終わっていないあなたの前で、何の断りもなくタバコを吸う人や、ドリンクバーに行ったものの、自分の飲み物しか持ってこないなど。そんな彼は協調性に乏しく、思いやりや気遣いに欠ける。ストレートに「私の飲み物もお願い」と言ったとき、快く引き受けてくれる彼なら、素直で改善の見込みもあるだろう。

エレベーターで黙る人、しゃべる人

エレベーターというのは妙な緊張を強いられる。密室である上、ちょっとした声でも大きく響いてしまうし、黙っていると気詰まりになる。

エレベーターの中で黙り込んでしまう人は、密室で人に囲まれて緊張していることも多いが、そのときの表情によっても心理状態が異なってくる。

にこやかな表情を浮かべていたのなら、周囲への配慮が行き届いたモラリスト。逆に表情が堅い場合、人とのコミュニケーションが苦手な人である可能性が高い。至近距離に大勢の人がいるので、相当緊張している状態だ。デリケートでなかなか心をオープンにできないタイプだ。

電車の中でも同様だが、一緒にいて気まずいほど口数が少ないとしたら、女性の側からにこやかに笑いかけるなどして、コミュニケーションをとる努力をしてみよう。徐々に緊張を解いていけば、心の扉を開いてくれるはずだ。

エレベーターに乗った瞬間に奥に誘導してくれるような男性は、女性の扱いに慣れており、エレベーターの中のちょっとした時間でも、笑いかけたり、小声で話しかけたりと緊張をほぐすようなムードを作ることができる。

こうした男性は好奇心が旺盛で、日頃から面白いネタを発見するのが得意。そしてその話題を周囲にも提供し、人を飽きさせない術を心得ている。誰もが緊張してしまうエレベーターの中でも、ユーモラスに緊張を和らげることができる、コミュニケーションの達人と言える。

旅行の荷物でわかる、彼の「決断力」

旅行に出かけるとき、荷物の少ない男性は、大切なものとそうでないものを自分で判断できる人だ。身ひとつでも楽しめる人が多く、何ごとにも柔軟に対処することができ、ハプニングにも動じずにリーダーシップを発揮する。要／不要を常に考えるので、女性の好き嫌いははっきりしている。

ただし、はじめから「ハミガキ粉は借りればいいか」と他人に依存するつもりで荷物を持ってこないという人もいる。こちらは、いつも誰かを当てにしていて、男性としてはちょっと頼りないタイプだ。

通常、旅先で名物を楽しんだり、勧められたものを受け入れる素直さを持っているのも、荷物の少ない人だ。下調べやおおよその計画は立てるが、さまざまな価値観を受け入れることができ、前向きな考え方ができる。

一方、荷物の多い人は心配性。マイペースで普段の生活を崩すことができず、部屋ごと持っていくくらいの荷物になる。これがないと生きていけないというものがあり、頑固な一面も持つ。アレもコレもないと不安なのだ。

洋服を余分に持っている場合は、かなりの優柔不断。シーンごとに何を着ようかと思い悩むあまり、女性顔負けの大荷物になってしまうのだ。

「持っていれば役に立つかも」というものが本当に役に立つこともあり、時には頼りになる存在でもある。また、お菓子や薬など、人のために役に立ちそうなもの、みんなで楽しむゲームなどを持っている人は人情があり、気配りができる人だ。

すぐ花を贈るのは、女性経験が豊富な証拠?

もちろん相手にもよるのだが、男性から花を贈られるというのは、女性にとって独特の感慨がある。ただし、花を贈り慣れている男性というのは、女性とのつきあいに相当熟達していると考えたほうがいい。花に詳しいというのは一〇〇％女性を意識した行動だからだ。ただし、彼女に贈ったことはないが、母の日には必ず贈っているという人もいる。

花を贈る男性は、女性は必ず花を喜ぶと信じている。これは一種の幻想だが、彼はえてしてそれを、「花より団子」の女性にも押しつけがちだ。女性はこうであってほしいという願望や理想が高く、見た目は華やかでも中身は家庭的な女性を好む。

花を贈る男性には、それが女性にとって「初めて」かどうかがとても重要な問題だ。「花もらったことある？」とあらかじめ聞いておいて、誕生日に花を贈ったりする。あなたにとって「初めての男」でありたいという純粋な気持ちの表われだと、素直に受け止めてあげよう。

よく、クラブのママに花を贈る男性は多い。ママさんが色々な花を贈られているのを知っている男性は一〇〇本のバラを贈る。「初めて！」とママが喜ぶ。それを知った別の男性客が今度は二〇〇本のバラを……こうしてとうとう千本のバラを贈る男性客までいたという。ただただママの「初めて！」と喜ぶ顔が見たかったために。

いずれにせよ、男性は誰にでも花を贈るわけではない。花を贈られたとしたら、大切にされている証拠だと考えていい。

見逃すな！ ここでわかる「浮気のサイン」

脳の中に「海馬」と呼ばれる部分がある。

女性が赤ちゃんの表情のほんのちょっとした変化も見逃さず、適切に対応できるのは、赤ちゃんの表情のパターンを刻一刻と「海馬」が記憶しておくことができるからだという。いわゆる「女の勘」というのも、これに関係があるのかもしれない。女性には、彼に起こったちょっとした変化も見逃さないという能力が備わっているのだ。

たとえば、電話に出た一言目でわかる。

いつもと声のトーンが違う。やたらとハイだったり、声が沈んでいたりする。

「どうしたの？」

と聞かれて、男性はドキリとする。

あるいは、ふたりで面と向かって話しているとき、妙に視線をそらしたり、ほとんど目を合わせない、あるいは目が泳いでしまう。きっと彼の心の中で何か変化があったのだ。

その変化に気づいて「どうしたの？　何かあった？」と聞いたとき、彼はどう反応するか。

もし、逆ギレするなど怒った場合は完璧に図星。クロである。

笑いながら、「何でもないよ」などというのも、何かを隠そうとしている態度だ。

穏やかに普段と同じように、「なんでそんなこと思うの？」と冷静に聞き返されたら、シロの可能性が高いだろう。

男性の浮気のサインは実にわかりやすい。

男が新しい恋に目覚めたときには、新しい洋服や靴などを買ってしまう。

彼の部屋のクローゼットに、それまで見たこともない服やオシャレのアイテムが増えていたら、何か変化があったと考えられる。

浮気を始めると同時に新しい服が増え、それが終わると同時に服を買うのもストップという、非常にわかりやすい人もいる。

あるいは、普段無精ヒゲを気にしないのに、急にきっちり剃るようになったり、眉毛を整えてみたり、ヘアスタイルを気にしたり、香水をつけてみたり……。普段やっていないことをやり始めたら要注意だ。

また、話しながら笑いをこらえているような顔になる。つい鼻がふくらんだり、眉毛が動いてしまったりする場合、何か隠し事がある。

もしかしたら……とピンときたら、(もし経験があったらだが)以前彼が浮気をしたときのことを思い出してみよう。女のカン「海馬」はきっと覚えている。あのときの話し方、服装、行動を、今と照らし合わせてみよう。男性の場合、相手が変わっても行動パターンはほとんど変わらないのだ。

そもそも男性というのは、家に帰ってから寝るまでの行動がほとんど変わらない。一緒に住んでいれば、彼が帰ってからの行動パターンをすぐ覚えてしまうだろう。帰ってきたら、まずパソコンの電源を入れて、服をハンガーにかけて、トイレに行って、手を洗ったら、冷蔵庫からビールを取り出して……といった具合だ。

こうした、いつもの行動が変わったときにも要注意。帰宅時間が遅くなった。パソコンに座る時間が長くなったり、時間帯が変わった。携帯電話を置く場所が変わった。いつもバラバラに置きっぱなしにしていたペンが、揃えてペン立てに立ててある。

男性は部屋の模様替えなんてめったにしない。急に壁の色を替えたり、ベッドのマットレスを替えたりしたら、やはり何かの変化の兆しだ。あなたに相談もなく大がかりなリフォームをやったりしたら、心底、気分を一新したいという心の表われだろう。

聴く音楽が変わるのも、心変わりのサインだ。今まで聴いたこともないジャンルの曲が加わったら、それは誰かの影響を受けているかもしれない。

突然、あなたに高価なプレゼントをするのもあやしいだろう。何かを隠すための工作とも考えられる。

ただし、それはあなたが本命である（でも浮気は少ししたい）という意思表示である可能性も高い。急にこまめにメールをよこすようになったというのも、隠蔽工作の一環かもしれない。このように、男性は実に単純でわかりやすいのだ。

浮気の動かぬ証拠を突きつけて、問い詰めることをお勧めしているわけではない。

男性のこうした変化に気づく、興味を持つということ自体、ふたりの関係をより深めるきっかけになるのだ。

男性も女性も、お互いに面と向かっては言えないことがあるものだ。そこに気づき、浮気を早く察知することが、少し開き始めたふたりの溝を埋めて、コミュニケーションを深めることにつながるだろう。

二度目のデートの服で、ふたりの「これから」が見える

二度目のデートのときにどんな服を着てくるかによって、その後のふたりの運命がわかる。

たとえば一度目のデートで、女性がラフ、男性がカチッとした格好だったとする。二度目のデートで彼がまったく同じような格好で現われたら、まったく歩み寄りの姿勢が見られないということになる。

私の知っているカップルに、二度目のデートで、男女の装いがそっくり入れ替わってしまったというケースがある。お互いに相手に近づきたいと思うあまり、いきすぎて入れ替わってしまったのだ。笑い話のようだが、相手を尊重しようという思いやりは、愛を育む上での基本中の基本。やがてふたりは結婚し、誰もがうらやむ夫婦となっている。

もともとカジュアルな女性がカッチリした男性に歩み寄った場合は、その後、えて

して男性が主導権を握る関係となる場合が多い。逆に彼がカジュアル志向に歩み寄れば、女性がリードする関係となるだろう。

目に見える形で歩み寄りが見られなくても、「彼女はどんなものを着てくるのだろう？」「この服装で彼とつり合うだろうか？」とあれこれ気遣いできるカップルなら、相手を思いやり、尊重しようという気持ちは十分あると考えられる。

「母親」のことを聞くとわかること

彼とある程度親しくなると、家族の話をする機会もあるかもしれない。実は、家族像をどう話すかに、彼の心象風景が強く反映されているのだ。

兄弟の話はするのに、親の話はめったにしないという人がいる。もちろん、それぞれに家庭の事情というものはあるだろうが、あまり話したくないという気持ちの裏には、あまりに親から大きな影響を受けているからこそ、かえって拒否しているという心理が働いていることもある。

男性は特に母親の影響を強く受けて育つ。そして結局は、母親に近い女性をパートナーとして好む傾向がある。

厳しい母親に育てられたら、はっきりものの言える、しっかりした意見を持った女性に憧れる。母親が穏やかなら、温和で平和主義的な女性を選ぶ。甘やかされて育ったら、女性への依存心が強くなり、甘えられるお姉さんタイプに魅かれる。

もし、彼を結婚相手として考えているなら、母親のことを聞いてみたほうがいい。あなたがその女性像といくらかでも似ているとしたら、うまくやっていける可能性が大きいと言える。

みんなでいるから見える、男の素顔

ポジティブ？　ネガティブ？——初対面でわかる、彼の思考傾向

彼氏や結婚相手というのではなくても、紹介されたり、仕事のパートナーであった

り、日々色々な男性と時間をともにする機会はあるだろう。男性のちょっとした仕草や行動から、その人となりが判断できる。相手の本当の姿を見極めて、心地よくつきあっていきたいものだ。

初対面でも、ちょっと話しただけで、彼の心がポジティブかネガティブかはすぐにわかる。

「動物園って面白いよね」

と言ったとき、彼はどう答えるだろう？

「そうそう」と話に乗ってきてくれる人もいるだろうし、さほど興味はなくても「どこだっけ？　ほら、群馬の有名な動物園が……」などと話題を広げてくれれば、ポジティブな考え方のできる男性だ。

一方、時々出くわすのが「え？　オレは別に……」という、後が続かない**ネガティブな返事をする男性**。こうした男性は何かにつけて「×」のサインばかり出す。「彼女いるの？」と聞いても「いない」で終わってしまう。「でも、欲しいんだよね」などと言って話を展開しない。

こうした男性を好きになってしまうこともあるだろうが、初対面で否定的な印象を持ったら、きっと最後までそれはぬぐえないだろう。

ただしこのような男性は、好きなことには一生懸命になり、いわゆる「頭のいい」人が多い。いい点を見つけてあげて、「よく知ってるね」「さすが」と何かひとつでもポジティブにほめてあげると、持ち前の真面目さを発揮して、女性の気持ちをもっと知ろうと一生懸命になってくれるはずだ。

一方、**いつもやけに調子のいい男性**がいる。女性をすぐに「ちゃん」付けで呼びたがり、「かわいい」「キレイ」とほめまくる。話も弾丸トークである。

こうした男性は一見オープンだが、もともとは引っ込み思案で照れ屋なことが多い。実は女性とあまりつきあった経験がなく、緊張して人見知りしているのを隠すために、軽さを装っている。緊張に対しては、やさしく思いやりを持って包んであげるのがいいだろう。

こうした男性は、ふたりきりになったときに、より本性に近づける。

あなたの前ではいつもと違って口数が少なくなり、静かになるようだったら、彼がリラックスできている、つまりあなたになら心を開けると感じている証拠だ。

逆に、普段通りにあなたを笑わせ頑張っているようなら、あなたは二番目、三番目の女性かもしれない。

大げさに感じるほどのレディーファーストや、やけにプレゼントをしたがる男性は、いい人、穏やかな人を演じている可能性がある。夢のない話だが、それがいつまでも続くとは限らない。

こういう男性は「エビでタイを釣る」タイプであることが実に多い。いったんハートを射止めたら、今度はお返ししてもらう番だとばかりに豹変することがある。女性としても尽くされているうちに、何でもやってあげたいという気持ちになってしまうかもしれないが、相手は本当は自己中心的に女性をコントロールしたいと考えている。一瞬の真顔を見逃さないでほしい。

何かにつけて主導権を女性に預けてしまう男性は、女性にリードする快感を味わわせてくれる。しかし、もしともに人生を歩むパートナーとして考えるなら、男性にリードしてもらわなければならない局面だってあるはず。そんなときになって「頼りにしちゃいけないの？」と不安になっても遅い。はじめから彼の優柔不断ぶりがわかっているのなら、デートの途中にでも、うまく彼がリードするシーンを作ってみよう。いつも「君の行きたいところでいい」と言っているなら、「次はあなたが一番好きな場所に連れていって」と、交互に主導権を握るようにしたい。力関係のバランスがとれ、彼にもリードする心地よさが芽生え、頼りがいのある男性に変身する可能性もある。

「お会計時」に表われる、男の素顔

五対五の合コンがあったとする。

それまで男女対面座りだったのが、途中で席替えタイム。そんなときには、ぜひとも一番退屈そうにしている男性の隣に座ってみてほしい。

メンバーの中にはひとりくらい、実は乗り気でなく、いかにも人数合わせで呼ばれてしまったようなタイプの男性がいるのではないだろうか。

実はこのような男性の隣にいることで、他の四人のことも色々見えてくるのだ。場に乗りきれていない彼にまで気を配り、話をふったりする男性がいたとすれば、その人は女性にも気を配れる人だ。

逆に、彼のことは一切おかまいなしで、自分だけ一番かわいい子に接近していく男性は、自己顕示欲の塊の〝オレがオレが星人〟だろう。

このほかにも、それぞれの人となりがよくわかるのが、お勘定のときだ。きっと、一番目立たない男性がきっちり計算して、最後を締めるのではないだろうか。人の嫌がることを進んで引き受けるタイプだ。

「女子は××円で」「残りは男で払おうよ」と声をかけられる人がいたら、きっとトータルに気配りできる男性だろう。

逆に、まだ話に夢中で**サイフも出さない男性**や、まったく**計算をしない人**は、自分の欲求のままに動き、協調性に欠ける。私は見る目がないと嘆いている女性なら、お勘定時は要チェックだ。

また、二次会のカラオケでの行動なども、よく本性を表わしている。

一番手に歌うのは、一見ただの目立ちたがり屋かとも思えるが、人の嫌がることを引き受ける思いやりのあるタイプであることが多い。**最後まで歌わない人**は、本当に歌に自信がないか、あるいは逆にものすごく自己顕示欲が強く、どう思われるかが心配で歌えないという人だ。プライドも高い。途中で「××ちゃんもどう？」と勧めてくれるような人は、人に気を遣えるバランスのとれた心の持ち主だろう。

盛り上げ役には、心にキズを負った人が多い!?

人が集まったとき、いつも場を盛り上げてくれる「ムードメーカー」は見るからに明るくて快活。みんなとワイワイ騒ぐのが心から好きそうに見える。場に馴染みにくそうにしている人もきちんと巻き込んで、スムーズに流れを作ってくれる。これはもはや才能と言えるだろう。

でも、ふたりきりで話してみると、意外に不幸な人生経験を背負っていたりする人が少なくない。たとえば、過去に心にキズを負うようなことを経験していたり、家族の中に重い病気を抱えている人がいたり……。お茶の間に笑いをもたらすバラエティ芸人、またはお笑いを目指す人の話を聞いてみると、涙を流さずにはいられない体験や悲しみを抱えていたりする。自分がつらいとき、テレビを観ていて思わず笑ってしまった。こんなふうに、元気と笑いを誰かに分けてあげたいという思いから、芸人を目指す人も意外と多いのだ。

一般に、心にキズがある人はクールで無表情、孤独を好むというイメージがあるが、逆につらい経験をしているからこそ、みんなを楽しませたいというサービス精神旺盛な行動に出る人もいるのだ。悩みなど到底なさそうでいて、いつも平穏。そうかと思えば、落ち込んでいる友だちに声をかけたり、相談を受けたりする。心の痛みを本当に知っている人ほど、やさしく人を思いやることができる。他の人が気づかないところに気づける目があるからこそ「ムードメーカー」になれるのだ。

ノリが悪い人ほど、深いつきあいができる？

みんなでワイワイ楽しんでいるのに、極端にノリが悪く、ひとり表情が暗いという男性はもともと友だちが少なく、表現力に乏しいタイプだろう。ただし、幼い頃からこの人だけは、という友だちがひとりか二人はいたりする。その友だちとは太く長くつきあっていくことができ、彼にとっては家族のようなものだ。

とっつきにくいが基本的には真面目なタイプのため、普通にカップルになって親密な関係を築くことができれば、心を開いて他の人には見せない本心を表わす。家族も大切にしてくれるだろう。

ただし、もともと女性とのつきあいに慣れていない分、たまに女性から心を許されるとズルズルハマっていってしまう人もいる。たとえば、バイト先で既婚者の女性にやさしくされたことがきっかけで仲良くなり、あっという間にドロドロの不倫に突入するといったケースだ。

ノリが悪いように見えても表情に笑みが見られる男性は、単に女性とのコミュニケーションに慣れておらず、戸惑っているだけかもしれない。男友だちとは話しても、女性とは話さないのが特徴だ。遊びもほどほどに知っていて、同性に人気がある男性は実はやさしく、面白みがある。恥ずかしがり屋で、ヒゲをたくわえた人に多いタイプだ。

同性の友だちが多いのは人望が厚い証拠。決して悪い選択ではない。こういう男性とつきあうと、はじめはあなたより友だちを優先するかもしれない。何度かデートを重ねるうちに、彼の友だちを紹介されるようなら、情の深い真面目な人だと考えられる。

いつも上座に座る――実は世話好き

大勢で飲み会などをしたとき、当然のように上座に座る男性がいる。彼はいつも全体を見渡してリーダーシップをとりたいと思っており、話の中心であることを望んでいる。自分を中心に人間関係を円満にまとめようという気持ちがあり、情に厚く、世話好きである。

ところが、ややもすると人に指図するような口調になったり、話を仕切ったりして、他の人の反感を買ってしまうこともある。しかし、男性に絶対的にリードしてもらいたいという女性にとっては、上座に座る男性はベストかもしれない。

一方、ふたりで一緒に歩んでいきたいのなら、下座に座る控えめな男性がいい。下座に座ると、注文をしたりといった面倒な雑用を強いられることになる。そこに座って穏やかに笑顔を浮かべ、しかも話の流れにはきちんと乗っている。こうした男性は、控えめではあるがバランスのとれた言動ができ、女性への思いやりにあふれている。

歌がうまい男、下手な男

カラオケは男性を観察できる絶好のチャンスだ。

歌のうまい下手は、単なる技術ではなく、人間としての総合的な能力や性格を大きく反映している。

歌がうまい男性は、感受性が強く、優れた観察眼を持っている。

だからこそ、うまく真似ができるのだ。ハートは繊細でやさしく、人の心の痛みを知っている人だ。

また、歌がうまいだけでなく、場の空気を読むのに長けていて、その場に即した曲を選ぶセンスを持ち合わせている。きちんと場をわきまえた言動のとれるバランス感覚を持っていると言える。

観察力が優れているだけに、自らの姿にも厳しい。つまり、理想が高く、見た目も重視する。さらに、そんな自分が好きという自己陶酔、自己満足な面もある。職業で言えば、営業やサービス業に向いているだろう。

一方、歌が上手でなくても堂々と歌ってしまう人は、まず、歌が下手という事実に気がついていないか、まったく気にしていない。やや鈍感であるとも言える。

彼が歌えば他の人も歌いやすくなるという点で、場を盛り上げてくれる存在であるのは確かだが、実はあまり空気を読むのは得意ではない人が多い。逆に、我が道を行くタイプで自然体、カッコつけない、気取らないよさがあり、周囲からかわいがられたり慕われたりする。

職業で言えば、技術系。学者肌や職人肌といった言葉が似合う。人の顔色をうかがわず、好きなことに打ち込むことに向いている。

最後まで絶対に歌わないという人もいる。うまい下手に関係なく、非常にプライドが高く、見せ物にされるのはイヤだ、カッコ悪い自分をさらけ出すのはイヤだというタイプ。

このような人の心に接近するには、そのプライドを立てて、くすぐってあげるのがいいだろう。

「八〇年代に流行った、あの歌、何だっけ？　よくわからないから一緒に歌って」

大勢の前では歌わないかもしれないが、ふたりでなら歌ってくれるかもしれない。

「すごい！　よく覚えてる！」「歌上手なんだね！」と歌唱力をほめられてイヤな人

はいないのだから、いったん自信がつけば、次から彼の歌声が頻繁に聞けるようになる可能性はある。

単に歌を歌わせたいということではなく、彼のプライドの垣根を少しだけ下げられれば、より関係を深めることができるだろう。

彼があなたに「彼女の相談」をする理由

「何でも本音で相談できる親友なんて、なかなかいないなあ」と嘆く男性は多い。男性には男としてのプライドがあり、男同士お互いに弱みを見せたがらない性質があるからだ。

だから、女友だちに相談事を持ちかける男性は少なくない。

しかし女性にしても、相手が誰でもいいというわけではない。自分の弱い面を見せることができる、素直になれる、信頼の置ける女性を選んで話しているのである。

ちっぽけなことでも相談事を持ちかけられたとしたら、友人として心を許しているという証拠。恋愛感情としては未知数ながら、少なくとも信頼関係はでき上がっていると考えられる。友だちから恋愛に発展するケースも少なくない。

もし意中の片思いの彼から「彼女ができたんだけどさ……」と相談されたら、ガッカリせずに一呼吸置いて、彼女と幸せになれる最良の方法をじっくり考えてアドバイスしてあげよう。

そんなにも一生懸命に自分のことを考えてくれるあなたに、彼はさらに信頼を寄せてくれるだろう。せつなさを思いやりに変えて愛情表現することで、やがて結ばれて幸せになったカップルも多い。

誰かが話しているときの目線でわかる、彼の「マイペース」度

グループで食事などをしているとき、誰かが話し始めると、全員がそちらに注目しているかと思えば、意外にそうでもないものだ。

突っ込み役になって積極的に話に加わる人もいれば、目だけは向けていても上の空の人、話が途切れるのを待って自分がしゃべる機会をうかがっている人、ひたすら飲み食いを続ける人など、観察してみると実にさまざまで面白い。こうしたそれぞれの

反応には、人に対する気配り度、よくも悪くもマイペースな度合がよく表われている。きちんと視線を向けて会話を追っている人は、どんなときでも人の話に耳を傾けることができ、何ごとにも真面目に向き合う姿勢を持つ人。周囲の人に興味を持つことができ、自然に気配りをすることもできる。状況に合わせて空気が読め、臨機応変に会話ができる。女性としては、こうしたバランスのとれた男性を選ぶのがベストだろう。

また、しゃべっている人と視線を合わせるだけでなく、適度に合いの手を入れ、時に揚げ足をとってドカンと笑いをとったりする人もいる。多くの人に合わせることができる守備範囲の広い心を持っている一方、興味の範囲が広すぎるせいか、少々注意力散漫で、行動がやや軽率だが憎めないタイプ。時にうっかりミスもおかす、おっちょこちょいなところもある。

また、相づちだけは打っているが視線はあまり合わせず、無表情で実は内容を聞いていない人もいる。自己顕示欲が強く、自分が主導権を握るチャンスを今か今かとうかがっていたりする。時にしゃべっている人のキーワードに突然反応し、主導権をとってしまう「話ドロボウ」に変身することもある、少々空気の読めないタイプ。実はリーダーシップをとりたい、みんなの中心でいたいと思っている。

盛り上がってきたときに、上着を脱ぐのは……

飲み会などの席で雰囲気が盛り上がってくると、上着を脱ぐ男性がいる。上着を脱ぐ動作は、心をオープンにしていることの表われだ。しかも一方的ではなく、相手への敬意を払いつつ、徐々に打ち解けていこうというスタンスだ。急接近ではないため、女性としても受け入れやすい。その絶妙のタイミングを心得ている男性と言える。

こうした男性はくだけた口調と敬語をうまく使い分け、相手にイヤな思いをさせることが少ない、大人の振る舞いができる。

男性がジャケットを脱ぐのは、リラックスしたとき、リラックスできないため気を楽にしたいと思っているとき、あるいは場の雰囲気を和らげて相手をリラックスさせたいときだ。また、気に入った女の子が目の前にいるとき、張りつめた雰囲気を和らげたいときなどもある。

話し始めるやいなや上着を脱いでしまう人は、はなから誰にでもオープン。リーダーシップをとるタイプで、誰とでも親しくなれる。ただし自己顕示欲は強く、カラオケに行ったら順番を無視して割り込み、自分だけ楽しんでしまうこともある。

上着を絶対に脱がない人は、人前で自分をさらけ出したり、弱音を吐いたりしない。お酒を飲むこともしない人が多い。たとえ飲んでも乱れた自分を見せることはない。本当に親しい人にしか本音を明かさないため、もしあなたの前でだけ上着を脱ぐとしたら、あなたに興味を示しているか、あるいは信頼している証拠だ。

テーブル席なのに靴まで脱いでしまう人は、極めてマイペースで自然体。遊びと仕事を分けて考えており、気の合った仲間にはとことんオープンにして、受け入れてもらいたがっている。ありのままの自分をわかってもらいたい気持ちが強いが、彼自身もあなたに自然体でいてほしいと思っているところもある。

もし彼がそんなタイプなら、ありのままの彼を受け入れてあげよう。

手相を見たがる人、マッサージしたがる人の心理

日本人は普段あまり握手をしないものだが、やたらと握手を求める男性は自信家で

ある場合が多い。実力のともなった自信家もいるが、根拠のない自信を振りかざす男性も少なくない。

実際は周囲に煙たがられていても、好かれていると思い込んで接近してくる。自己顕示欲の表われでもあり、セックスアピールを誇るマッチョに多いタイプだ。

手を握るときの力加減にもこだわりがある。相手が痛いと思うぐらいがちょうどいいのだと、勝手に思い込んでいる。これが彼のアピールの仕方なのである。雄犬が自分のなわばりを示すために、電柱にオシッコをかけて回る行為をマーキングと呼ぶが、女の子に痛いと感じさせるほどの握手は、彼にとって一種のマーキングと言える。

嫌がられても、その場にいるすべての女性に握手を迫るのは、みんなにオレを見てほしい、カッコよさを認めてもらいたいという気持ちの表われ。特定の子にだけ握手を求める場合は、単純に彼女に好意を抱いていると解釈できる。

このように彼の行動は実にシンプルでわかりやすい。悪気はなく、よかれと思ってしたことが裏目に出てしまうのだから、少々可哀相でもある。裏表がなくウソはつけないものの、相手の気持ちを無視した行動のために、自分勝手で周りに気を遣うことができない人間だという印象を与えてしまう。また、女性の好みがはっきりしているにもかかわらず、その行動によって自ら「空気が読めません」というマーキングをしていることを本人は気づいていないのである。

握手だけでなく、「手相見てあげようか？」と手を握ろうとしたり、マッサージや肩もみなどをしたがる男性もいる。一見、女性の扱いに慣れているかのように見えるが、実際は逆で、コミュニケーションをとるのが苦手な人が多い。相手が断ったり、嫌がっているのに無理強いする男性は、誰でもいいから接近したいと思っているので要注意だ。

「毎日の習慣」に表われる、男の素顔

すぐ謝る人はプライドが低い？

「すみません」「ごめんなさい」とすぐ謝る人に、どんな印象を覚えるだろう。

一般的には、プライドが低く、相手に屈してしまう意志の弱い人のように思えるだろう。けれどもこのようなタイプは、心が広く素直で、相手の意見を尊重しつつ自分の意見も言える、コミュニケーション上手が多い。

ただし、人の話を最後まで聞かずにすぐ謝る人は、自己顕示欲が強いということも覚えておきたい。

他人がどう言おうが、自分は自分で評価するというポリシーを貫く。問題は自分がどう考えるかであって、他人の評価は関係ないという姿勢だ。

だから大勢の人の前で頭を下げるような屈辱的なシーンであっても、打ちのめされることはない。相手の価値観と合わなかっただけで、自分自身を否定しているわけではないからだ。謝れる人は、打たれ強いのだ。

逆に、「ごめんなさい」と言えない人は他人の評価を気にしている。一見、自分の意見を貫いていて強いように見えるが、謝ることによって自分が否定されてしまうのを恐れる。すぐに謝れない人はプライドが高く、実は打たれ弱いのだ。

❧買い物即決派vs.じっくり派――彼の恋愛傾向を判定

男性は、えてして買い物が苦手な人が多い。慣れないその場から早々に立ち去りたいという気持ちが働くのは確かだ。

多くの男性は新しいものに敏感で、その筋に長けた第三者の意見を素直に受け入れ、ピンときたら決定が早い。直感力に長けているのだ。その昔、獲物のいる場所を直感で見分け、パッとつかまえるのは男性の役割で、その獲物を試行錯誤して、いかにおいしく食べられるかを考えるのが女性の役割であったことも、買い物の仕方に色濃く影響が出ているのであろう。

あなたの彼がこういったタイプなら、女性をリードし、いざというときにはズバリ決断し、男性としての力を発揮できる、男らしいタイプだと考えられる。

一方、何を買うのにも、なかなか決断できない男性もいる。知識が豊富で、自分なりの意見をしっかり持っているため、女性同様に悩んでしまうのだ。一度購入したものの気が変わって返品するなど、女性顔負けの行動をとる人もいる。レストランでなかなか注文が決まらない男性も同様だ。

こうした男性は、恋愛においても自ら決断をしない、受け身な人が多い。何年もつきあっているのに結婚を切り出せなかったり、結婚が決まっても、式場の手配から何まで女性がすべてを仕切っていたりする。

しかし、迷うタイプの男性は、買い物にとことんつきあってくれる。買い物のみならず、どんなシーンでも女性の意見に耳を傾けてくれるのが特徴だ。

上着を裏返しにたたむ――自分のスタイルを崩さない

一般にものを丁寧に扱える人は、人にもやさしく接することができる。

ただし、行動の端々に「えっ？」と言いたくなる習慣がある場合は要注意だ。たとえば、喫茶店でアイスドリンクが出てきたら、必ずナプキンをコップの周りに巻きつけて汗をかかないようにする人がいる。フォークとナイフを几帳面にセッティングしたり、皿の位置を確認するように並べ替えたり……。こうした男性は神経質で、女性にも繊細であることを求めがちだ。だらしない女性は好みではない。

女性の前で上着を脱いだときに、裏返しにして丁寧にたたむのは、自分なりのスタイルを崩したがらず、できれば女性にも、それをしてほしいと思っている。

上着を脱ぐというのは非常にリラックスしている瞬間である。気の抜けたときでも、そうした仕草をするとなると、普段は相当神経質だと考えられる。しかし、運ばれてきた料理をあなたに向けてくれ、「どうぞ」とにこやかに笑ってくれたり、上着を預かろうとしたら「ありがとう」と言ってくれたりする男性なら、家族を大切にする男性になるだろう。

モノを捨てられない人、すぐ捨てる人

ものを大切にできる人は整頓はあまり得意ではないが、人にやさしく丁寧に接することができる。家族を心底大切にし、古い友だちとも長くつきあえる。ひとりの女性と長くつきあうタイプだ。デートも気に入った場所に何度も通う。決して愛情表現がうまいほうではないが、何ごとにも律儀に取り組むタイプであり、恋愛においてもじっくりと信頼関係を深めていき、いつまでも仲のいい夫婦になる場合が多い。変化を求めず、平穏なタイプだ。

一方、ものをキレイさっぱり捨てられる男性は、人間関係の切り替えも早い。デートも新しい場所を次々と開拓していくことを好み、女の子を喜ばせるような流行スポットや最新の話題を心得ている。結婚すると、あるときは家庭を大切にするかと思えば、時に束縛から逃れようとしたりするなど、行動にムラがある。

過去を断ち切りたいためにものを捨てるとも考えられる。行動と心は裏腹で、以前につきあった女性の影をいつまでも引きずってしまうからこそ、それに耐えられなくなって、すべてを捨ててしまおうとするのだ。こうしたタイプはプライドが高く、「別れたくない」などと言うことができずに無言で引き下がったものの、実は未練いっぱいだったりする。携帯の番号も変え、メールもすべて削除し、時には引っ越しまでして、ようやく立ち直ることができるのだ。

いつも仕事に追われている──実は受け身

いつも仕事で忙しがっており、何かに追われているような生活をしている男性がいる。目の前のことをひとつずつ処理していくのに精一杯で、深く掘り下げることはせず、ひとつのことに腰を落ち着けて取り組むことが物理的にできない状態だ。

すべてにおいて受け身であり、頼まれたら断れない性格の人に多い。だからこそ、常にギリギリの状態に追い込まれてしまうのだ。

仕事で言えば、自分から提案することはなく、指示された仕事をひたすらこなすタイプ。男女関係では、自分から誘うことはほとんどなく、女性が連絡をしないで放っておくと疎遠になってしまう。

こうした男性は、デートの約束をすること自体が不可能なので、約束はしない。仮に約束しても、時間を守れない人が多い。仕事が第一であり、休みと遊びはその次、彼女に合わせることは皆無である。根は真面目な人が多いが、最終的には自分の都合が最優先となる。女性をリードしてくれるわけではないが、自分自身は独自のスタンスを貫きたがるため、女性はひたすら彼の引き立て役に徹することを求められる。

こんなふうに、いつも忙しがっている男性にもいい点はある。オンとオフを切り替えるために特別に何かをしなくても、日常のちょっとしたタイミングの中で、自然に気持ちの切り替えができるのだ。

また、仕事ではなく、多趣味ゆえに忙しいという男性もいる。しばしば会社の同僚などには内緒で、趣味の仲間だけのサークルに参加していたりする。自分だけの隠れ家になる場所をキープしていて、それがエネルギー源になっている。

こういった男性は、彼女より自分の趣味の世界を優先しがちだ。「たまには一緒にどこか行かない？」と誘っても仕事のせいにして断ることも多い。自分だけの領域である趣味の世界には立ち入ってもらいたくないと思っている。コントロールされるのは仕事だけで十分。完全な個人主義で、最終的には孤立した人生を歩む人が多い。彼はひとりでも楽しく生きてゆくことのできる人である。

しかし、こんな仕事第一の彼でも、ここぞと思ったときにはものすごいエネルギーを発揮する。新しい意中の彼女を見つけたときには、その優先順位の一位になることもあるのだ。現在彼女がいてもそれに構わず新しい彼女に乗り替え、一番大切だったはずの仕事よりも、新しい彼女を優先させることもある。

遅刻が多い――無意識の「オレを見て！」のサイン

遅刻常習者はマイペースでのんびりしている人だと一般には思われがちだが、実は自己顕示欲の強い人であることが多い。

不良少年はわざと遅刻して学校に現われる。心のキズや、社会に対する反発、言葉にできない思いを、ヘアスタイルや服装、そして規律を破ることで表現する。そのひとつが遅刻。実は注目されたい、オレはここにいるよ！　という心理の表われなのである。

ただ、大人になってもしばしば遅刻してしまう人というのは、それが自己顕示欲の表われなどとは自覚していない。「なぜいつも遅刻してしまうんだろう？」と本気で悩んでいる人も多い。心の内にわだかまりを抱えて、本当は表現したいのに抑えている。そのストレスが不良少年のように遅刻となって表われるのだ。

普段の出社時刻は守れるのに、重要な会議に限って遅刻してしまうという男性もいる。重要な会議は、彼がもっとも注目を集めたい場なのだ。しかし、彼自身は「本当に申し訳ない」と思っており、毎度後悔している。なのに遅刻を繰り返してしまう。

その深層心理には、幼い頃の実体験を無意識に抱えているのかもしれない。それは、怒られるようなことをすれば注目してもらえる、という体験だ。大人になってからもそのことが十分癒えていないと、そのトラウマに基づく行動を繰り返し起こしがちだ。

たとえばある日、お腹の大きいお母さんがいなくなり、不安に思っていると、赤ちゃんとともに帰ってきた。下の子が生まれて注目されなくなったと思い込んだ上の子は、しばしば親が怒るようなことをやって注意を引こうとする。泣いても叫んでも振り向いてはくれないが、怒るときには両親が自分を見てくれることを知っているのだ。

本人はまったく無自覚の場合が多いが、目を疑いたくなる言動も、実は注目を集めたいという気持ちがそうさせていたりする。問題や感情をその時どきで見つめることをせず、臭いものにフタをしてしまうのだ。

また、こんな遅刻常習者もいる。普段はとても几帳面で、人当たりもよく明るい男性なのに、デートにだけはしばしば遅刻してしまう。実は彼女に会うとなると、緊張のあまり、何を着ていくかで際限なく迷ってしまったり、あげくに体調を崩してしまったりする。彼女のことを考えてしまうがゆえにという、男性ならではのナイーブさの表われだ。

もっとも、単にズボラで時間が守れないという人もいる。これぞマイペースで、ある意味自信家だ。協調性に乏しく、周りに何を言われても動じない。こういった人は、周りの目を気にしないため、注意しても遅刻癖は直らない可能性が高い。思想家であることも多い。

逆に、約束の三十分前、あるいは一時間前には待ち合わせ場所に現われるという男性もいる。あらかじめお店の場所まで確認し、道順を確かめるために下見に行ったりもする。女性にはこうした行動はめったに見られない。

こうした男性はとことん生真面目で、女性に対しても誠実。相手に敬意を持って接することができる人だ。ただし、柔軟性に欠け、親しさが増すにつれ他人にも厳しい態度をとったりもする。

女の子が遅刻してきても笑って許してくれる男性は、柔軟性があり、受け入れられる価値観の幅が広い。相手が遅刻しても「何か理由があるのだろう」と、相手の立場に立った考え方ができる、包容力のある人だ。

レシートを取っておく人、丸めて捨てる人

買い物をしたとき、釣り銭とレシートをろくに確認もせずに無造作にポケットに突っ込んでしまう男性は、ラフで細かいことを気にしない大らかな人だ。こうした男性

は何ごとにも無頓着だが、社交的であり、目移りしがちで熱しやすく冷めやすい。仕事とプライベートを分けて考える傾向がある。

領収書をきちんととっておく男性は、計画的で自分の振る舞いを自ら律することができる几帳面な人だ。物事に白黒をつけたがり、行動にもメリハリがある。お札の向きを気にするようなデリケートな男性もいる。職業で言えば自営業の人が多く、自立していて女性にはマメなタイプだ。人生設計もしっかりしているので、女性を大切にでき、結婚も早いだろう。

逆に自営でも領収書に頓着しない男性は、人生設計を立てられず、自分を優先する傾向があり、結婚には縁遠い人生を送る。

コンビニなどでレシートを受け取らない人は、必要なものと不必要なものをきっちり分けて考えられる人で、少々神経質。ゴミをためたくないという場合もあれば、「証拠」を残したくないという心理の表われだったりもする。本命の彼女以外の女性をクルマに乗せた後、髪の毛などが落ちていないか細部まで確認するタイプだ。

女性にはマメな人が多く、仕事も遊びもそつなくこなす。バランスのとれたものの見方ができるが、少々ずる賢い面も持ち合わせている。

「食べ方」に表われる、男の素顔

好きなものを最初に食べる？　最後に食べる？

食卓にたくさん料理が並んだとき、どんな順序で食べるかによって人となりがよくわかる。

あまり好みでないものから食べ始め、一番好きなものをキープしておいて最後に「おいしかった！」と満足して食べ終えたいタイプは、仕事もまず苦手なものから片づけようとする。衝動的な行動はせず、地道にコツコツ積み上げることを得意とする。

一枚のガムを何時間でも噛んでいられる気が長い人が多い。

グループで遊びに行き、何がやりたいか、という話になったとき、意見を言うのはたいてい最後だ。誰かが「ボーリング！」と言ったら「やろうやろう」と便乗する。

自分が本当に考えていることは、腹を割った仲のよい友だちにしか明かさない。何ごとにおいても、表現が控えめなのだ。

一方、先に好物を平らげてしまう人は、欲求に忠実だ。食べたいという気分が盛り上がったときに一気に食べてこそ、幸せを感じる。嫌いなものなど食べたくもないから、料理を残すことにも悪気を感じない。ガムは味がなくなったらすぐに捨てる。

こうした人は瞬発力があり、行動力もあるから、概して仕事もできる。ただ、結果を急ぎがちで、結末がある程度見えてきたとたんに興味を失い、次の新しい仕事に取りかかりたがる。せっかちで刹那的なところがある。

好きなものを「最後までとっておく人」が現場で地道に汗をかくのを好むとしたら、「先に食べる人」は組織を動かすマネジメント指向の人だと言えるだろう。

空腹でなくても、つきあいで食べる――気配り上手

自分はお腹が空いていなくても、誰かがお腹を空かせていると察して「みんなでつまめるものでも頼もうか」と言ってくれる男性は気配り上手だ。周囲の状況に素早く

反応し、それに合わせる協調性がある。女性が男性の前では言いにくいことを先回りして、行動を起こしてくれる。

そろそろ食べ終わったという頃に「デザートは何にする?」と言う。女の子が食べたいのを我慢しないように先回りする。臨機応変に状況を判断して、決断や判断ができる、頭の回転の早い人が多い。

箸を正しく持てない――千人を敵に回しても自分の意見を通す

箸を正しく持てない人は、自分のことにせよ他人のことにせよ、細かいことにはこだわらない。ところが、注意や意見をされることは嫌いで、一家言ある人も多い。社会や他人が課するルールには無頓着だが、さまざまなシチュエーションで自分だけのルールを定めていて、女性の好みなども著しくこだわる。「そんな意見やルールがあるのか」と受け入れられる柔軟性がある人は、ポジティブで極上のオリジナリティを持ち、周囲からも支持される人となる。

小さい頃どんなに箸の持ち方を指導されても気にすることなく、自分のスタイルを貫く彼らは、ストレスをものともせず、自由で柔軟な思考と独創性を持ち合わせている。他人に左右されることなく、たとえ一対千人になっても、正しいと思ったことを主張できる強さを秘めている。

鍋パーティは「人生の縮図」

鍋を囲んだときの人それぞれの行動パターンは、性格を実によく表わしている。そこはまさに人生の縮図だ。

まず、**鍋奉行**は「すぐ仕切りたがる」、時に「権威主義者」などとも言われるが、実は気配り上手で、人の世話を焼くことができる人である。自ら指揮をとるというよりは、柔軟なものの考え方ができる聞き上手なタイプ。ボランティア精神が旺盛で、他の人が嫌がることを率先して引き受ける。飲み会や旅行の幹事を買って出るタイプだ。仕事で言えば、適材適所で他人に仕事や権限を委ねることができる、いい上司になれる人である。

鍋に具を入れる順番や作法にうるさい**「うんちく屋」**さんは、何であれ自分でやらないと気が済まない。真面目ではあるが、自分のモノサシですべてを判断するため、他人への評価が厳しくなりがちだ。買い出し隊の買ってきた材料にひとつひとつ意見してしまったり、鍋奉行をしてくれている人にも「そんなことしたらおいしくなくなるよ」と平気で言ってしまったりする。仕事で言えば、他人に厳しいため、部下に任せることができず、仕事をひとりで抱え込んでしまって苦しむタイプでもある。うんちく屋の男性には「スゴイ！　お願いしてもいいですか？」と甘えてしまうのもいいだろう。おだてに乗りやすい人のよさがあり、自分の知っている情報を惜しみなく披露してくれる。頼られると、とことん世話を焼いて皆に尽くしてくれるのだ。

「作法なんてどうでもいい。鍋は楽しく食べられればいいんだよ」と言う人は、うんちく屋を毛嫌いする。細かいことに頓着せず、面倒なことを嫌うせっかちなタイプだ。えてして、そういった感情をあまり表に出さず、黙々と飲んだり、誰にも聞こえぬようひとりぼそっと愚痴ったりする人が多いが、うまく自己表現できる人の場合は、うんちく屋に対しても笑顔で「いいじゃない、直箸で。楽しく豪快にやろうよ」といった具合に声をかけ、人間関係のバランスをとることができる存在になる。

また、他人のために取り分けたり、具を入れようといった素振りはまったく見せず、

ただひたすら食べるだけという人任せ派は、自分の興味のないことには振り向かないマイペースな男性。他人がどうしようと、他人にどう見られようと、あまり気にしない。心に思っていることがあっても、口にすることもない。常に受け身の姿勢であり、自分から行動を起こすこともしない。人に合わせていける協調性があり、すべてがYES思考。どんなに忙しくても、仕事を頼まれたら断りきれずにYESと言って抱え込んでしまうというような弱さを持つ。

アク取りに励む「アク取りマン」は「控えめだけど気が利く」といった印象を与える。ただし、単に気が利く男性というわけではない場合もある。巧妙な計算をした上で、女子がいる席で「気が利く人」だと思われることを狙っている人もいるので、案外あなどれない。「すご〜い、気が利く！」と言われてニッコリ笑顔になった「アク取りマン」は、鍋奉行にはなれないまでも、少ない労力で「気が利く」と思ってもらえる、おいしいとこ取りのポジションだったりする。

しかし、女性の感動するポイントを押さえて評価されたいという思考は、女性を喜ばせたり、かゆいところに手が届くコミュニケーションのとれる男性である可能性も高い。

その他、ひたすら肉などメインの食材だけを食べる男性。何人かで鍋を囲んだら、他のメンバーが話で盛り上がっている隙にほとんどの肉を平らげてしまう。競争心が強い上に、協調性に欠けるマイペース人間である。第一印象が強面だったり、逆に非の打ちどころのない美形だったりするため、そうした行動を誰からも注意されることなく、伸び伸び育って大人になってしまった人でもある。

大切なのはまず一〇〇%自分であり、周囲のことを考える余地がない。「ちょっと！自分ばっかり！」などと注意されたなら、問題を解決することよりも自分が問題になったことや、指摘されたこと自体で頭が一杯になってしまうだろう。あまり挫折した経験のない自信家が多く、プライドが高いため、壁にぶつかると克服できずにくじけてしまいがちだ。

しかし、大鍋の中から肉だけを見つけ出して一心不乱に食べるという集中力から考えるに、ここぞと思ったときには猪突猛進。一目惚れをしようものなら、獲物を発見したハンターのように、脇目もふらずに突き進む動物的本能の持ち主である。彼女をものにするまではロマンチックな情熱家。だが、熱しやすく冷めやすいタイプで、つきあってからは女性が苦労することが多いようだ。

他のメンバーが気を遣っておたまを使っているのに、いきなり直箸をする男性もこのタイプが多い。自己中心的で、考えるよりも行動が先に立ってしまう。仕事の上では、アメリカンな考えで、〝できた者勝ち〟を主張する。上下関係を気にせず、一度仕事で自信をつければ、周囲への愚痴をこぼすようになる。そして上司の肉も平気で横取りしてしまうような行動に出ることもあり、えてして孤立しがちだ。

最後に、どれを食べようかと箸を宙にさまよわせる「迷い箸」をする男性。優柔不断で、たとえばレストランに入っても注文がいつまでも決まらず、メニューをずっと手放さずに眺めている。よく言えば慎重ではあるが、決断力に欠け、疑い深い。

他の人に見せずに自分だけひたすらメニューを見ていたりする。悪気はないが、空気を読むことが苦手で、周囲に対して気を配ることがあまりできないタイプだ。

ドリンクバーにて――コップになみなみ注ぐ人は？

ファミレスのドリンクバーで繰り広げられる何気ない仕草を観察してみよう。気質や人間性が実によく表われていて興味深い。

コップになみなみと注ぐ人は、欲張りで、いつも満たされていたいという欲望を抱いている。恋愛においても、女性に愛情をたっぷり注ぐが、注いだ分だけ相手にも返してほしいと思っている。感情を豊かに表現するタイプだ。

コップを二杯一度に持ってくる人は相当な欲張りだ。何ごとも自分の欲しいままにする。

コップに七分目程度まで注ぐ人は、自分に自信があり、とりあえず欲求は満たされている。しかし、満たされていない残りの三分目を誰かに注いでもらいたいという気持ちを抱いている。さっぱり系で、適度な愛情表現を求める。

女性と一緒に注ぎに行こうとする男性は甘えん坊で、何でも誰かと一緒に楽しみたいという思いが強い。女性と足並みを揃える気配りができる人だ。

もしあなたが「みんなの分も注いでくるね」と言ったとき、「じゃ手伝うよ」と立ち上がってくれた人がいたら、彼はあなたに好意を持っている可能性が大きい。あなたに足並みを揃えてくれる。大勢でいるときにカップルのひとりが皆の飲み物を持ってくると言ったとき、もう一方も立ち上がって手伝うケースは多い。

常に他の人の分も注ぎに行ってくれる男性はとても気が利くが、いつも神経を張り巡らせていて、多少神経質なところもある。

ただし、気に入った女の子がそこにいて、やさしいと評価してもらいたがっているケースもある。「どうしたの？　いつもはそんなことしないのに」と他の男性に言われていたら、間違いなくそうであろう。

「じゃ、次はオレが行ってくるね」と自主的に順番を決めて仕切る人は気配り上手だ。何時間も長居して、すべてのドリンクを飲んでやろうという男性は、好奇心旺盛で、何ごとも色々楽しみたいと思っている。女性についてもストライクゾーンが広く、目移りしがちで、浮気性の可能性もある。

グラスが空いたのにすぐ気づいて「次、何飲む？　とってこようか？」と言ってくれる男性は、気が利くのは確かだが、間違いなく酒好きだ。お酒を飲む人ほど空のグラスが気になる人はいないのだ。お酒を飲む人はイヤという女性は、注意するポイントだろう。

「携帯・メール」に表われる、男の素顔

携帯電話をすぐ買い替える——人間関係も同じ!?

恋愛においても重要なコミュニケーションのツールである携帯電話。いつも身につけているものだけに、持ち主の性格、心理状態がよく表われている。

まず、**携帯電話をやたらと買い替える男性**がいる。新しい機種が出るたびに真っ先に買いに行き、しかもすべての機能を器用に使いこなす。

こうした男性は、人間関係においても同じような姿勢で臨む。携帯電話を次々買い替えるように、女性にもあれこれ目移りしてしまい、すぐに飛びつく恋多き男性だ。

本命の彼女がいても、たまには別の遊びがしたい、あるいはスタイルのいい子を連れて歩きたいなどと、目的に応じてガールフレンドを使い分ける器用さも持つ。行動力があり、マメであるからこそ、それが可能となる。

また、女性への理想も高く、自分がどう見られているかも気になる。逆に言えば、向上心があり、自分を常に高めようとしているから、仕事はできる男性が多い。

一方、何年も同じ機種を使い続けている人は、基本的には変化を好まない。使い勝手が変わったり、新しい機能を覚えたり、すべてのメールが消えてゼロからスタートしたり……そういった変化すべてが煩わしいのだ。お気に入りのメーカーの機種を見つけても、替えたくないという人も多い。

やはり恋愛においても、同じような態度で臨む。外見よりも中身を重視するから、まれに見た目にフラフラ魅かれることがあったとしても、元のさやに戻るという人が多い。ひとりの女性と長くつきあうことを好み、新しい刺激よりも、安心感を重んじる。ただし、女性に対して束縛するという男性もいる。いったん好きになれば長いつきあいを望むが、気持ちが冷めるとあっという間に素っ気ない態度に変わることもあるようだ。

また、携帯電話そのものを、どうでもいいと思っているために買い替えないという人もいる。今や多くの人にとってコミュニケーションの大切な手段である携帯電話を重んじておらず、コミュニケーションそのものから背を向けてしまい、自己の殻に閉じこもる人が多い。

ところで、携帯電話を首からぶらさげている人を時々見かけるだろう。仕事でどうしても必要という場合もあるだろうが、ほとんどの場合、携帯への心理的な依存度が非常に高い証拠だ。

携帯電話を首から下げていることからもわかるように、ファッションや流行には無頓着である。それでも仕事には真面目に取り組むという人が多い。

おそらく、最近になって携帯電話によるコミュニケーションの面白さを知った人なのだろう。

携帯ホームページのブログを立ち上げ、プロフィールを事細かに記述。いつも誰かからのメールやコメントを待ち受けている。そして、着信には俊敏に反応し、速攻でメールに返事する。誰かとつながっているのが好き。というより、つながっていないと不安さえ覚えてしまう。いわば、携帯電話のストラップが命綱のようなものとなっている。

メールでのコミュニケーション術に長けているだけあって、女性が返事を書かざるを得ないようなメールを書くのも得意だったりする。あまり遊び慣れておらず、顔の見えない相手にも想像をたくましくして、心を揺れ動かしたいという寂しがり屋でもある。ただし、デートに自分から誘うことはできず、うまく相手に誘ってもらえるよう、自分の休日を書きつらねてしまうようないじらしさがある。

そのうち、たくさん女性の知り合いができてくると、今度は自分でリードしたくなってくる。自分がコミュニケーションの中心にいるような自己中心的な心理に陥り、メールの返事が返ってこないと怒ってしまう人もいる。

こうしたタイプとはまったく違い、携帯を首からぶらさげていてもキャンプやバーベキューで力を発揮するようなアウトドア系の男性もいる。やはりファッションには無頓着だが、自分の意見を立ててくれる人を好む。

特にプライベートで使うわけでもなく、本当に仕事に必要でぶらさげている人は携帯に完全に支配されていると言える。神経質で真面目、融通はあまり利かないが実直である。仕事が一番なので、デートの余裕もないが、きちんと家庭を構えた場合は帰るコールを忘れない、心底家族を守る頼れる男性になるだろう。

会話の途中、携帯が鳴ったら?――彼の「誠実度」チェック

ふたりで話している最中に携帯の着メロが鳴った。そのとき彼がどんな反応を示すかで、彼を取り巻く人間模様が垣間見える。

仕事の電話がかかってきたとき、「ちょっとごめんね」と断って自然に電話に出ることができる人は、常に誰にでも誠実でありたいと思っている。この誠実さは女性に対しても発揮されるはずだ。

話している相手に一言の断りもなしに電話に出て、そのまま長電話をしてしまうとしたら、残念ながらあなたはあまり大切にされていないと考えたほうがいい。彼はデートよりも友だちを優先するタイプかもしれないし、他に本命がいるのかもしれない。こうした人は、電話を自分から切れない、イエス/ノーがはっきり言えない八方美人である可能性も高い。たとえば、デートの前に別の約束を入れてしまい、なかなかその場を離れるきっかけが見つからずにデートをすっぽかしてしまったりもする。その場その場の雰囲気に流されてしまう弱さがある。

電話が鳴ると、即座に席を立って電話に出る男性もいる。もちろん深刻な仕事の話

かもしれないが、あなたに知られたくない隠し事をしている可能性もある。戻ってきたときに、無言、あるいはどんな電話だったのかをわざわざ必要以上に説明するとしたら、ちょっとあやしい。

話している最中は電話に出ないという人もいる。目の前の人との時間を大切にしたいという気持ちの表われとも考えられるし、逆にあなたに隠し事をしているから出られないのだとも考えられる。そんな人は音の鳴らないバイブレーション機能が大好きだ。

あなたと一緒にいる場所に**携帯電話を持ってこない**としたら、これもまた隠し事があると考えられる。クルマに置きっぱなしにしてあったり、隣の部屋に隠すように置いてあったりする。いつも携帯があなたの視野にあれば、隠し事は少ないと考えられる。

着メロを相手によって使い分けている人は、女性との接点が多い人だ。その着メロは、おおむねその子がおねだりしてセッティングさせたものだろう。そして、着メロによって電話に出る出ないと決めている。女性に合わせて行動できるマメな男だが、浮気者の可能性も高い。逆にかたくなに着メロを変えずにいる人は無頓着か、特定の相手がわかることを避けたいかだ。

と、ここまで男性のあやしさを列挙したが、一番大切なのは、彼のプライベートを信じること。彼本人を信頼することだろう。

⌘メールの返事が早い人、遅い人

メールを打つと、あっという間に返事が返ってくる男性がいる。一般に**メールのレスがマメな人**は、寂しがり屋だが誰に対しても律儀でありたいと思っており、自分勝手ではなく人のために何かができる人だ。人づきあいはスマートにそつなくこなし、人と常にコミュニケーションをとりながら進める仕事に向いている。

メールの中身にも注目してみよう。愚痴が多い人には要注意だ。「最近ダウン気味。上司も~でさあ。何かいいことない?」といった愚痴っぽいメールをしきりによこす男性は、日頃の言動もネガティブで、依存心が強い。

えてして「?」で終わる問いかけメールが多く、早めに返信しなければいけないようなプレッシャーを女性に強いる、メールの達人でもある。

こうした男性は自分から女性を誘うことはなく、「ようやく仕事が一段落したよ」と、いかにも誘ってほしさ満点のメールを書きがちだ。面と向かっては決して声をかけたりできないが、メールなら頑張ってここまでできるのだ。真面目で寂しがり屋だが、とかく行動が受け身。男女関係においてもリーダーシップをとるのは苦手だ。

逆に「ご飯でもどう？」とさりげなく誘ってくれる人は、実際に会っても気さくに話ができる。何ごとにもポジティブに向き合えるタイプだ。

一方、**なかなかメールの返事が返ってこない男性**は、マイペースで面倒くさがり屋。職人など、集中力を必要とされる仕事に就いている人に多い。定時の仕事に就いていないタイプ。仕事に取りかかると没頭してしまうため、プライベートのメールへの返事はおろそかになりがちだ。

あなたの彼がこういったタイプで、しかも仕事関係のメールには素早く返信しているとしたら、仕事への依存心が強い、一匹狼タイプ。集中力を解くとき、つまりプライベートはひとりの時間を大切にする。本命として大切にしてもらう存在になるまでには少々時間がかかるかもしれない。彼にとって空気のような存在になれたらベストだ。

❧「絵文字」で、彼の「遊び人度」がわかる

一般に男性はメールで絵文字をあまり使わない。しかし、中にはやたらと絵文字を使う、しかも使い慣れている男性がいる。

絵文字好きの男性は、総じてマメで、女性とのメールによるコミュニケーションに慣れている。特にハートマークをよく使う男性は、始終女性を意識しているような軽いタイプ。出会ったばかりでも、「今日は楽しかったよ。また会いたいね♡」などというメールを送る。

あなたの気になる人が絵文字を多用するとしたら、ちょっと慎重になったほうがいい。今現在、他の女性の影がなくても、かつて別の女性とハートマーク満載のメールを楽しんでいた可能性も高い。

絵文字をよく使い、思わせぶりなメールを書いてくる男性は、遊び人タイプのこともある。みんなに好かれていたい、注目されていたいという気持ちが、女性の好きな絵文字の多用につながっていると考えられる。

絵文字が少ない

絵文字というのは話し言葉でメールを書くときに使うものだ。絵文字をまったく使わない男性は、真面目でプライドの高い人が多く、くだけた調子のメールをあまり書かない。心の内をなかなか明かさず、ごく親しい人にしか本音を打ち明けない。「絵文字って面倒だよな」と言っても、女性からの絵文字メールにはまんざらでもない反応をし、嬉しがったり、かわいいなあと内心感動したりしている。

こんな彼には、ここぞというときにハートマークを使いたい。基本的には真面目で信頼の置ける男性なので、より深いおつきあいがしたいのなら、女性の側から心をオープンにし、じっくり時間をかけて関係を深めていくのがベストだ。

「座る位置」でわかる、彼とあなたの親密度

真向かいに座る――誠実で心地よくリードしたい

ふたりでレストランなどに行ったとき、テーブルのどの位置に座るかは、ふたりの関係性を実によく表わしている。

もっとも緊張を強いられるのは、向かい合って座ることだ。なのに彼が真向かいに座ったとしたら、それはあなたに対して誠実に振る舞いたいという自信の表われである。逃げ隠れすることなく、目を真っ直ぐ合わせて話すことができ、あなたを正面から受け止めたいという意思表示である。自分なりの考え方を持っていて、主導権を握りたいタイプではあるが、聞く耳を持っているなら、歩み寄りながら心地よくリードしてくれる紳士的な人が多い。自分に自信があるので、話しても面白い人が多い。

隣に座る──いつも一緒にいたいから……

好んでカウンターを選び、隣に座りたがるのは、スキンシップを保っていたい、いつも誰かのそばにいたいという男性だ。向かい合わせに座ると緊張してしまうが、近くにはいたいという、かわいげのある男性でもある。

愛情表現は決して上手ではないが、好きだという気持ちを素直に表現できる人が多い。女性の気持ちを思いやることができ、大切にしてくれるだろう。

ただし、並んで座っても、まったく違うタイプの場合もある。きちんと言葉のキャッチボールができるかどうかに注目しよう。相手に合わせず聞く耳もないようで、自分のことばかりしゃべっているようであれば注意したい。最初だけ横に座ってスキンシップをとって女性を振り向かせ、いったん心を射止めてしまうと、とたんに高圧的な態度に出て相手を支配下に置こうとしたり、他の女性に目移りしたりする男性である可能性もある。

直角に座る——まだ心を開いていない

テーブルの角に直角に座る男性は、その場全体を見渡せる位置に陣取り、相手をよく観察したいと思っている。寡黙に人を観察するのは、自身が心をオープンにできないためである。相手との関係にまだ自信がなく、慎重になっている不安感の表われだ。人を見かけで判断する「人を見る目」に自信がないという場合もある。プライドはえてして高い。

人に興味を持っても、自分の心をオープンにすることができないので、コミュニケーションしたくてもなかなか手こずるタイプでもある。なぜうまくいかないのだろうと考えあぐねていても、プライドの高さが邪魔をして、一線を越えることなく内にこもってしまうことが多い。

大勢での飲み会などで、興味のわいた女性の角に陣取る男性は、要領の悪さをカバーするためにこのポジションを確保したがる。好き嫌いがはっきりしており、興味がなくなるとすぐその場を離れてしまうこともある。

もしあなたの側の直角の位置に座り続ける男性を気に入った場合には、ぜひ声をかけてみよう。実は物知りで会話が楽しく弾むかもしれない。

対角線上に座る——ほどよい、大人の距離感

ひとつのテーブルを前にして対角線上に座るのは、もっとも距離を置いた座り方。これはいわば「大人」のポジショニングであり、女性への思いやりから出る行動だ。

ここでも彼の表情に注目してみよう。

会話に笑顔がともなうようなら、あなたをリラックスさせようという気持ちの表われであり、スムーズな人間関係を築くことのできる人だ。女性を思いやり、見守ってくれる男性である可能性が高い。

笑顔が見られない場合は、あなたとの関係を深めたくないと思っている。また、会話がちぐはぐなようなら、自分勝手でマイペースな人であろう。

7章

血液型編

やっぱりある!?
血液型と性格の意外な接点

血液型で見る人間模様

人間がたった四種類に分けられてたまるか、血液型で人を判断するのは日本人だけだ！

——といった意見はあるものの、やはり血液型による傾向というのは多少なりとも存在する。

男性の血液型は、特に母親の気質を引き継いでいることが多いようだ。つまり、男性自身がA型だとしても、母親がB型だとしたら、B型に近いA型気質となる。

✤A型——実はもっともマイペース!?

日本人の国民性を象徴するとも言われるA型は、一般に気配りができ、几帳面で、他の血液型の人から敬われるほど計画性がある。脳の中で抑制部分の働きが活発な血液型である。いつも物事を客観視できるので、自分独自のルールを持っている。実はこのマイルールを崩せないA型が、一番マイペースであろう。

平均的に、道徳的に、といった集団の中の規律を重んじる発想ができるのは確かにA型だが、いざ親しくなってみると、相手のペースに合わせるよりは、実は自分のペースに合わせてほしいというタイプの人が多い。カップルになると、それが顕著に表われる。ただし、要領よく人に合わせることができたり、主張はせず我慢している傾向にあるので、マイペースであるとは周囲には気づかれにくい。

ところがいざ生活をともにすると、今までひとりでいたときの習慣を変えないところがある。

みんなの前ではニコニコしているが、自分ならではのルールにそぐわないと、急に黙り込んだり、心を閉ざしたりする。それでも気持ちをストレートに表現せず、ある程度は我慢して人に合わせるが、本当は自分のペースを崩されるのを好まない。外ではにこやかでも、家に帰ると寡黙になる旦那さんはたいていA型。ケンカをすると、口をきかなくなったりもする。

聞いてみると、性格の不一致を訴える人が多い。「普通〜でしょ」や「オレは○○

が好きじゃないのに……」と、相手との違いに敏感だ。つきあったり結婚して親しくなったりすると、マイルールが出現する。面と向かって言えないからこそ、内にこもってしまうのだろう。

A型の男性のいい点は、相手の気持ちを先回りして気配りができること。意外だが人見知りと言いつつ、誰とでもうまくやっていける。みんなで食事をしているときに、初対面の人がいれば先に、次に皆に料理を取り分けてあげるといった女性のような細やかさを発揮する。また、みんなで旅行に行こうという話になったとき、率先して皆が喜ぶ計画を立てる。常に先回りをして周囲を思いやれるのだ。ただし、こうした気配りも、自分のペースでできる得意分野の範囲内に限られる。

一般にきちんとしていて主張しないもの静かなタイプが多いが、正反対に、人を笑わせることに天才的な能力を発揮し、リーダーシップをとるタイプもいる。自分をネタにするが、太っているのを気にしている女の子にうっかり「食べすぎだぞ」とフォローできないジョークを言ってしまったりすることもある。

確固とした自分の世界を持っていて我慢の利かないB型女性とは、あまりウマが合わない。

O型――穏やかタイプか厳格な父親タイプか

O型の男性ははっきり二つのタイプに分けられる。ひとつは大らかでのほほんとした、もの静かで穏やかなタイプ、そしてもうひとつは自己顕示欲が強く、厳格な父親タイプだ。

O型は一般に脳全体をバランスよく働かせることができ、物事を客観的に見て分析判断できる。その能力をどう発揮するかでタイプが分かれるようだ。

そのバランスのいい脳を他人のために使うことができると、縁の下の力持ち的な存在に徹する、穏やかでもの静かな人になる。普段はニコニコと笑顔で傍観しているが、無意識にあらゆる角度から物事を考え、自分に置き換えた際のシミュレーションができる。

そのため、普段は口数が少なくても、会社などで不意の発表の場を与えられたときには、きちんと自分の意見が言える人が多い。人が嫌がることを率先してこなすことができ、誰にも好かれて、じわじわと人望を集めて頭角を現わす。相手本意の考え方ができ、聞き上手、フォロー上手なので話しやすく、相談事を持ちかけられることも多い。

一方、分析判断能力の高さを振りかざしてしまうと、頭ごなしにものを言う、厳格な父親タイプとなる。プライドが高いため「知らない」と言うのを好まず、他人に認められることを重んじ、知識や教養で自分のステータスを築こうとする。

技術系に進めば、かなりやり手な仕事人間となり、トップを目指す。己の辞書にハテナ？の文字はなく、自分なりの常識を貫く。人の分析は大好きだが、自分の分析をされるのは苦手。向上心はあるが、許容範囲は狭いタイプとなる。

統率力はあるが、権力で相手を支配しようとするきらいがあり、意見を聞いてもらうにはかなり時間がかかる。一見とっつきにくく表情が硬いので、簡単には心を開きそうにないように見えるが、「すみません、私、いつもミスが多くて。ぜひここのところを教えていただけませんか？」と教えを請うような態度で甘えてみると、実はきちんと手をさしのべてくれ、情も厚い。

このようなタイプは表情が硬いこともあって、職場では敬遠されがちで、話し相手はいないことが多い。思いきって腹を割って相談してみると、ステキな笑顔で親身になってくれる。本当は人とコミュニケーションしたいし、相談されたいと思っているが、プライドが邪魔をしているだけなのだ。つきあってみれば世話好きで、人のことを考えさせたら右に出るものはいないということがわかるだろう。

少々敬遠されがちな、権力を振りかざすO型のそばには、穏やかなB型がいることが多い。きついことをズバズバ言われてもうろたえることなく対等に話し合えるのだ。本当はコミュニケーション好きなO型と、人間好きで苦しみも楽しみに変えてしまうB型の構図だと言える。

B型――こだわりと集中力の高さはダントツ!

B型の男性は心の中に自己完結した世界を築いている。独特の世界観を作り上げ、その物語の中で行動しているため、端から見ると自己中心的に見えることが多い。

本来B型は、感情や思いつき、欲望や行動を司る前頭葉が活発だと言われる。だから奇想天外なアイデアを思いついたり、突拍子もない行動に出たりする「変わり者」も少なくない。けれどもこれは、興味を持ち、ひらめき、行動に出るまでのテンポがあまりにも速く、自分なりにきちんと整理されてはいるが経過を話さないので、周囲から理解されないだけなのだ。

自分を飾ったり取り繕ったりはせず、自然体で裏表はない。楽しく面白いことが大好きで、好きなものへのこだわりと集中力は他の血液型の群を抜く。独自の世界の中で、自分だけの「小さな幸せ」を感じることができるためか、一般にポジティブに生きられる。

こんなB型にも、気性の荒いタイプと穏やかなタイプがいる。

気性が荒い人はプライドが非常に高く、それゆえ他人からの評価をいつも気にしており、意見されたり否定されたりすると意気消沈してしまう。根に持つと嫌悪感を抱き、怒りモードへと移行する。本気で怒ると、言ってはいけないキーワードをつい言ってしまったりする。ただし、ケンカしても和解ができ、その後はキレイさっぱり忘れるタイプ。あとくされはない。

ただし、独自の価値基準によって自分のことを棚に上げて他人を非難しがちで、しかもその怒りのポイントは周りの人には理解しがたいことも多い。好き嫌い、楽しい、つまらないがそのまま顔に出てしまい、感情がストレート。ほめられればニッコリ笑顔になるなど、かわいくわかりやすい面もある。一匹狼のようにひとりでいるが、実は人恋しい。少年のように好奇心は旺盛で、欲求に忠実に行動する。

一方、穏やかなB型はいつもニコニコ、いわゆる「天然」キャラであることが多い。自然体で相手を油断させるが、観察眼があり、つまらなそうにしている人を決して放っておかない人情味がある。交友関係が広く、知らない人への受け入れ態勢が抜群だ。知らない街でひとり旅を思う存分楽しめるタイプ。知らない者同士を合わせたり、人間関係における潤滑油としても活躍できる。柔軟かつ好奇心旺盛、多趣味であれこれ手を出しているように見えるが、これぞというものを見つけると、その世界に没頭して徹底的にエネルギーを注ぎ込む。ただし穏やかさが邪魔をしてノーと言えない場合も多く、断ったり意見したりすることが苦手。優柔不断で、ここぞという人生の岐路で迷ってしまいがちだ。

逆に、穏やかでも意志の強いタイプは、皆が言いにくいことを代表して和やかなムードで意見できる。会社で言えば現場と会社のパイプ役となり、皆から親しまれる人になることも多い。

日本人の男性は愛情をストレートに言葉にすることが苦手だが、親からの愛情を一身に受けて育ったB型男性には「大好き」「一緒にいたい」など、女性が喜ぶことを無邪気に言ってくれるタイプが多い。

❦AB型――好奇心旺盛で、好き嫌いはっきり

まさにA型とB型の融合であり、両方の気質を併せ持っていることが多い。真面目で感情を内に秘めているかと思えば、突然ストレートな言葉を言ってのけるなど、感情表現に波があるのもAB型だ。

感情豊かで心やさしい。また、物事をじっくり考えるので、落ち着いた言動にそれが発揮される。

いつもにこやかで、周囲と適度な距離を保ってコミュニケーションをそつなくこなす。誰にでも本音を言うわけではないが、信頼できる人には素直に胸の内を表現し、人情に厚い。

AB型はA型・B型どちらの傾向が強いかによって分けられる。母親がA型の場合、やや控えめで感情を内に秘めたタイプとなる。母親がB型の場合は、独特の価値観を持っており、何かにハマったりする人が多い。ただし、B型ほど徹底的に深入りはせ

ず、A型的なバランス感覚を兼ね備えている。理想は高く、その目的に向かって頑張りすぎる傾向もある。

一般に自然体で沈着冷静な人が多く、言動にほどよく抑制が働いており、淡々としているように見えるが、好奇心は旺盛で、好き嫌いがはっきりしている。

大好きな人にはとことん尽くして愛情を注ぎ、恋愛関係は長く続くことが多い。逆に、心を許した人にしか腹を割らないとも言える。ついつい好き嫌いのはっきりした態度をとってしまい、敏感な人に悟られ、怖がられてしまうこともある。

しかし、家族や近しい人をもっとも大切に思いやることができるのがAB型である。無理に友人の幅を広げて、近しい人をおろそかにするようなことは決してしない。仕事には真面目に取り組み、つきあいも大切にするが、なかなか会えなくても大事な人を忘れることはない。

また、どんな血液型よりも高い買い物をするのがAB型である。ビンテージやプレミアものにハマり、とんでもなく高価なオーディオセットに凝ったり、CDを大量に買い揃えたりする。

B型脳による興味、欲求、行動、そしてA型脳による検討力によって、選りすぐりのものを持ちたいということの表われだろう。

好きな女性のタイプは、これだけは外せないという理想像が先行していて、心にヒットするストライクゾーンは意外と狭く、その価値観はさまざまだ。かわいくて頭がいい人だったり、面白くて料理のうまい子など、自分にない尊敬できる部分を持つ女性を好むようだ。

血液型別行動パターン

あなたが風邪を引いたとき

あなたが風邪を引いて寝込んでしまったとき、彼は何をしてくれるだろうか。その反応は血液型によって実にはっきり分けられる。

A型は風邪薬やビタミンCなどのサプリメント、あるいはフルーツを買ってきてくれるだろう。料理ができる場合は、栄養のつくものを作ってくれたりもする。一般的に、女性から見てやさしいと思われる行動をとる。

O型は、相手が何を一番必要としているかを考えて行動する。甘えるタイプの女性だったら、まずは看病しに行き、かいがいしく世話を焼く。ひとりにしておいてほしいというタイプの彼女なら、電話をする程度にとどめておく。「今年の風邪には××が効くらしいよ」などと知識を披露してくれるのもO型だ。全体的に、父親が娘を見守るような態度をとるのが特徴だ。かゆいところに手が届く行動をしてくれる。

B型は相手がどう思っているのか、自分の頭の中で一生懸命ストーリーを組み立てて、それに従って行動する。彼女はお見舞いに来てほしいと思っていても、「風邪を引いたら安静にしているのが一番だよ。お大事に」と、どういう根拠でか決めつけてしまうのは典型的なB型の反応だ。

逆に、お見舞いに行くときには、プリンやゼリーなどをいっぱい携えていくが、それは実は彼自身が好きな食べ物だったりする。そしてお見舞いの品なのに、その横で自分も一緒に食べていたりする。思わず笑うと元気になったと思い込み、この行動を繰り返したりする。

ＡＢ型は、もっとも近しく親しい人には、恋人でなくても病院に連れていってくれたり、まるで家族のように世話を焼いてくれる。この人と決めたらとことんエネルギーを注ぎ込んでくれるので、病で倒れているときには安心感を与えてくれる。

また、誰も思いつかないお見舞い品をくれたりもする。音楽好きの彼女には、「休んでいる間、退屈しのぎに」とＣＤを贈ったり、加湿器を持ってきてくれたりと、家族さながらの思いやりを見せてくれる。

ラーメンを食べに行くとき

まず「ラーメン食べたくない？」と提案するのはA型だ。前もって食べたいものが決まっている。自分で計画したり提案したりして、リーダーシップをとる。ただしそれらの行動は、自らの欲望に従ったものであることが多い。

これに対して「食べたい、食べたい！」と即座に反応するのはB型。欲求をストレートに表現し、彼の頭の中はおいしいラーメンのイメージでいっぱいになる。たとえその前の食事がラーメンだったとしても、「みんなで行ったら楽しいな」と気分を変えたり、味を変えて想像したりするので抵抗はない。

O型は、「豚骨ラーメンだったら××がおいしいよ」と知識を披露。お店の行き方はもちろん、行きつけならお店の電話番号まで知っていたりする。一番おいしいラーメンをみんなに食べさせたいという父親的な発想で、みんなの希望を聞く。

A型がその情報をメモったりしていると、静かに様子をうかがっていたAB型が「ごめん！　豚骨はあんまり好きじゃないんだよね」と一言。ある程度までは他の人に合わせるものの、好き嫌いがはっきりしていて、譲れない一線を持っている。

「豚骨以外のお店だと……」とさらに知識を披露するO型。A型がそれを素直に聞いて、メモしながら調整に入る。B型はその横でイメージをふくらませ、早く食べたいとワクワクしながら待っているのである。

本書は、本文庫のために書き下ろされたものです。

怖《こわ》いくらいわかる「男《おとこ》の性格《せいかく》」診断《しんだん》

著者　小池恵子(こいけ・けいこ)
発行者　押鐘冨士雄
発行所　株式会社三笠書房
〒112-0004 東京都文京区後楽1-4-14
電話　03-3814-1161（営業部）03-3814-1181（編集部）
振替　00130-8-22096　http://www.mikasashobo.co.jp
印刷　誠宏印刷
製本　宮田製本

ISBN4-8379-6356-0 C0136

王様文庫

女性100人に聞いた
「魅力ある男」の条件

潮凪洋介

「やさしい」と「しつこい」の分岐点は？　女性が「この人って頼もしい！」と感じる瞬間は？——多くの男性が勘違いしている、「女に好かれる男」46のポイントがわかる！　女性に好かれるには、女心を知るのが一番の近道。本書はそんな「女性のホンネ」を集めた一冊。

怖いくらい当たる「血液型」の本

長田時彦

A型は几帳面、O型はおおらか——その〝一般常識〟は、かならずしも正確ではありません！　でも、一見そう見えてしまう納得の理由が〝血液型〟にはあるのです。血液型の本当の特徴を知れば、相手との相性から人付き合いの方法までまるわかり！　思わずドキっとする〝人間分析〟の本。

ワルに学ぶ「実戦心理術」

ライフビジョン21

怠け者なのに能力があると認められる、失敗しても不思議と上司に気に入られる、口べたなのにいつの間にか話の中心にいる——ビジネスで恋愛で成功する人が実践している、心理を見抜き人を操る、驚くべき世渡りのワザがすべてわかります！

K30060